司马懿传

李书飞◎著

中国友谊出版公司

图书在版编目（CIP）数据

司马懿传 / 李书飞著 . -- 北京：中国友谊出版公司，2025. 1. -- ISBN 978-7-5057-6037-0

Ⅰ. K827=361

中国国家版本馆 CIP 数据核字第 2024AM8907 号

书名 **司马懿传**
作者 李书飞
出版 中国友谊出版公司
发行 中国友谊出版公司
经销 新华书店
印刷 天津中印联印务有限公司
规格 880 毫米 ×1230 毫米　32 开
8 印张　174 千字
版次 2025 年 1 月第 1 版
印次 2025 年 1 月第 1 次印刷
书号 ISBN 978-7-5057-6037-0
定价 59.00 元
地址 北京市朝阳区西坝河南里 17 号楼
邮编 100028
电话 （010）64678009

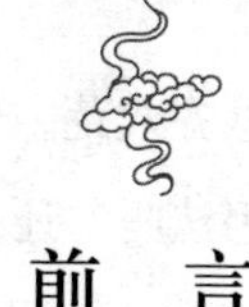

前　言

高平陵，这座沉睡着曹叡的陵寝，默默记录着岁月的风霜。回溯至一千七百多年前，曹叡以一种近乎神圣的仪式，将身后的江山社稷托付给了司马懿，而后者则以满腔的赤诚，誓要永守曹氏子孙。这一幕，犹如刘备当年将幼子托付于诸葛亮的情景再现，深深触动了世人的心。

诚然，我们无法将司马懿捧至诸葛亮那般神圣的高度。但反观曹爽，他又怎能与费祎、蒋琬这等贤臣相提并论？我们无法为司马懿的所有行为披上正义的外衣，但若有人对他苛求，让他在曹爽的淫威之下仍要证明自己的忠诚，那只能说明，他们未曾亲身经历过在权力与智谋的棋局中被人肆意摆布的残酷。

历史的车轮滚滚向前，不容我们妄加揣测。于是，我们无从知晓，假如司马懿早早离世，他是否真能化身为曹魏的诸葛亮，成为一段传奇。同样，我们也无法想象，如果诸葛亮能够延长生命的长度，他是否会逐渐蜕变，成为蜀汉的司马懿，书写另一段历史。

让我们把画面调回二三八年。那时，司马懿即将征讨公孙渊。在亲友的送行声中，他充满豪情而又卑微地吟咏："天地开辟，日月重光。遭遇际会，毕力遐方。将扫群秽，还过故乡。肃清万里，总齐八荒。告成归老，待罪舞阳。”这番话，是他内心深处的真实想法吗？还是仅仅为了取悦曹叡，说出了一些违心之语？或许，连他自己也无法分辨其中的真假。

确实，他已经不再是当年的那个他了。但这也不能全怪他，毕竟他周围的人和环境都已经发生了翻天覆地的变化。时间的河流无情地推动着每个人走向未知的前方，既然沧海都能变成桑田，谁又能要求他始终保持初心，不变初衷呢？

高平陵事件结束后，曹芳有意让司马懿出任丞相之职，但司马懿婉言谢绝了。曹芳再提议赐予他“九锡之礼”，他也再次推辞了。尽管他在对待反对他的曹魏宗室时显得毫不留情，甚至可以说是冷酷无情，但他始终不愿步曹操的后尘。

然而，这究竟是为什么呢？在当时，他已经无人能敌，还有什么可以让他感到惧怕呢？

唯一合乎逻辑的解释就是，他惧怕后世的舆论。司马懿显然不希望步曹丕后尘，被后人唾骂。但遗憾的是，他终究还是难逃此劫。

时光荏苒，至二六〇年，魏国皇帝曹髦忍无可忍，终于喊出那句在后世广为流传的名言：“司马昭之心，路人皆知。”此刻，距离司马懿响应曹操征召已逾半个世纪。犹如长江之水滚滚东流，历史的洪流也终于将一代代枭雄的身影冲刷殆尽。

如今，“司马昭之心”究竟为何已不再是关键。关键的是，倘若连街头巷尾的孩童都认定司马昭“必有篡位之心”，那他司马昭便已退无可退。

只是，不知司马昭在回首往事时，是否能瞥见父亲曾经走过的道路，是否能重温高平陵的那个清晨？在他的内心深处，是否曾有一瞬的迷茫与不安：半个世纪前，我们踏上征程，真的是为了今天这个结果吗？

时隔一千七百多年，我们已无从知晓。

现在，让我们来归纳一下司马懿的显著特质，或许这能为我们自身的成长和进步提供些许借鉴。

第一，司马懿的睿智，可以说源自他阅读的广泛。

从史书的记载中，我们可以窥见他在言谈间对兵法的引用信手拈来，再联想到张春华事件，起因是他对书籍的深深珍视。由此，我们可以断定，司马懿对于学习极其重视。这对于当下那些被娱乐文化充斥头脑的年轻人来说，无疑是一种深刻的启示——在这个喧嚣的时代，我们确实需要读一些好书来滋养我们的心灵。

第二，司马懿的情商和自律，是他成事的关键。

许多历史爱好者都喜欢将司马懿与日本的德川家康相提并论，因为他们在承受屈辱上展现出了惊人的相似。的确如此，忍耐和冷静，其实与情商有着千丝万缕的联系。在这个世界上，很少有天生的愚者，人们往往是因为情商的欠缺，智商的发挥才受到了束缚。而司马懿，他深谙道家思想，他的内心世界对于那些希望提升情商的人来说，无疑是一处值得深入探究和领悟的宝藏。

司马懿的一生，不仅是一个疑云丛丛的历史故事，更是一段年轻人开始工作以后，饱受质疑、排挤、压制，却于重重困境与危机中暗度陈仓、清除障碍，最后完美逆袭的现实“愤斗史”，晦暗但很现实。

这本书中运用了底层逻辑、博弈方法、人性认知等进行分析解读，读一读《司马懿传》，虽不能说笔者的观点别出心裁，但可以给读者从另一角度带来启发。

目 录

第六章　拿捏诸葛，羞耻感弱的人才能笑到最后

第七章　兵者诡道：血洗辽东，待罪舞阳

第八章　含垢养势：让刺骨杀气再滋润一会儿

乱世风口，司马家主的疯狂赌注

汉末，风云骤起。在历史的狂澜中，各路英雄、枭雄、奸雄纷纷登场，而司马氏这个古老神秘的家族，也被推到了时代的风口浪尖。这个家族，将以何种姿态，迎接这乱世的风暴？司马家主，又将如何以他的疯狂赌注，布局家族的命运？

政治投机，司马氏不遑多让

司马懿，河南人士，其祖籍大致位于现今河南省焦作市温县一带。

“司马”一词最初并非姓氏，而是一个官职。据传，司马氏的先祖可追溯至祝融，祝融则出自轩辕黄帝的长子重黎。历经尧、舜、禹以及夏、商数代，司马家族世世代代担任夏官之职。直至周代，夏官被更名为司马。周宣王时，这个家族因功勋显赫，被特别恩准以“司马”这一官名作为姓氏。

楚汉争霸之际，名将司马卬（音同“昂”）与项羽、刘邦并肩作战，共同反抗暴秦。秦国覆灭后，项羽称霸天下，共封十八路诸侯王。刘邦被项羽排挤至西南部，被封为汉王，而司马卬则被项羽封为殷王，其封地正是他的故乡河内（今河南北部）。

至此，司马家族名扬四海，声震天下。

其后，刘邦起兵反楚，司马卬审时度势，重新选择阵营，投靠刘邦，与之共同对抗项羽。历史再一次证明，选择往往比努力更重要。

司马卬的重新站队，对于其家族的长远蓝图而言，无疑是一次精明的布局，但对于他个人而言，却并非最佳抉择。在那场空前激烈的彭城之战中，项羽仅凭三万精锐就将五十六万反楚联军打得丢盔弃甲，刘邦辛苦积攒的家底几乎一战败光，司马卬也在这场大战中不幸阵亡。

汉朝建立后，刘邦念及旧情，设河内为郡，封司马卬后人于此。自此之后，司马氏在汉朝的政坛中一直扮演着重要角色。

从司马卬传至第八代，司马家族诞生了征西将军司马钧。司马钧之后，司马懿的曾祖父司马量担任豫章郡太守，祖父司马儁则受封颍川郡太守，而父亲司马防更是官至京兆尹，相当于现今的首都市长，地位之显赫，不言而喻。

至司马懿这一代，兄弟八人皆声名显赫，因每人表字中均含一个“达”字，故时人称其为“司马八达”。以长幼为序，依次是司马朗、司马懿、司马孚、司马馗、司马恂、司马进、司马通、司马敏。

然而，汉末士族集团内部同样存在着明显的鄙视链。尽管司马氏也是名门望族，拥有着悠久的历史与很高的声望，但与颍川四大家族、四世三公的袁家、弘农杨家等顶级豪门相比，其地位和影响力仍稍显不足。因此，在汉末乱世前期的政治角逐中，司马家族并没有得到多少登场的机会。

秉承司马家的血脉，他们绝不可能在这场数百年未遇的变局中袖手旁观，充当看客。然而，当时局势扑朔迷离，司马家又没有窥破天机、未卜先知的能力，如何下注、如何布局成了非常棘手的问题。

按照历史惯例，越是局势混乱、头绪纷繁之际，“投机者”们就越是倾向于广泛撒网、四处下注，然后凭借自己敏锐的政治洞察力，寻找并培养能够为自己带来利益的“潜力股”。这种广泛押宝的现象，在天下大乱的时候尤其多。因为在天下纷扰之时，统一的权威已然崩溃，各种强权势力就更容易利用手中的筹码来图谋大事。

有时候，这些强权势力还会衍生出多个子势力。尽管他们的根本利益是一致的，但却因血缘或地域差异而分成多个不同派系。这些子势力也会各自扶持对自己有利的“棋子”，无论最终哪一个“棋子”成为名义上的统治者，真正受益者都是那些子势力背后的“投机者”。

为了从各个子势力中挑选出最适合自己操控，并且还能为自己带来利益的“棋子”，那些强大的“投机者”们常常在子势力中同时培养多个“棋子”，让这些竞争者相互竞争。他们会仔细观察每一个“棋子”的表现，看谁最符合自己的利益，挑中后便大力扶植，而对于那些不能充分实现自己愿望的“棋子”，则会毫不犹豫地放弃。

因此我们看到，董卓乱政之后，司马家当时的家主司马防紧紧依附于朝廷，同时将他那八个儿子视为潜在资本，送回老家秘密培养。尽管汉室朝廷的衰败已经显而易见，但司马防仍抱有一丝希望——万一它又焕发生机了呢？司马家做事向来慎独慎微、滴水不漏，他们势必要在政治上获得丰厚的回报。即便汉室朝廷真的无可救药，于司马家而言也无关紧要，牺牲一个行将就木的老家主，对整个家族的持续发展又能有多大的影响呢？

于是我们又看到，数年之后，献帝东归，曹操挟天子以令不臣，天下的局势渐渐明朗。此时，北方霸主袁绍与中原新锐曹操之间的较量，似乎已经预示出未来天下的归属。司马防便毫不犹豫地将长子司马朗送至曹操麾下，而自己则继续以汉室忠臣的身份静待时机。这每一步都是在精心谋势，试图将家族利益最大化。

挽家族于破碎之际：司马朗

受司马懿显赫名声的荫蔽，司马朗往往显得陌生于众。事实上，在早年时期，司马朗的表现是远超司马懿的。

司马朗自幼聪慧，而且早熟。年仅九岁时，有人当面直呼其父表字，司马朗毅然正色道："轻慢他人长辈，亦难敬自家长辈！"此言一出，那人顿时羞愧不已，郑重其事地向这位小孩诚恳道歉。

及至十二岁，司马朗的身高已经远超同龄人，而且体格颇为健壮。参加经学考试时，考官见司马朗体貌壮硕，心生疑虑，怀疑其在年龄上作弊，遂加以盘问。司马朗坦然回应："我司马朗身躯乃日复一日自然成长。虽年幼，亦深知急功近利并非正道。绝不会行那谎报年龄、早入仕途的龌龊之举。"考官闻言大为惊讶，暗叹此子不仅体貌非凡，还头脑聪慧，言辞之间更是条理清晰，颇有大家风范。一时之间，司马家大儿子的才华与人品，在众人之中口口相传。

然而，就在司马朗于太学深造之际，黄巾之乱骤然爆发，各路英雄豪杰趁势而起。曹操被征拜为骑都尉，后迁任济南国相；刘备因功受封为安喜县尉；孙坚被拜为长沙太守。三国前期的几个重要人物，已于此时纷纷崭露头角。

对于司马家而言，他们历经数代人的努力才实现由武入文的家族转型。而今，黄巾之乱的爆发，是否会打断这一艰难的变革进程呢？历史的巨轮滚滚向前，司马家的命运亦随之起伏不定。时值纷扰，司马防面临重大抉择：孩子们是否应该留在京师？

深思熟虑后，司马防决定让司马朗带领弟弟们返回温县故里。他要再观时局。深谙权谋的司马防明白，世事无常，计划往往赶不上变化。在这乱世之中，一步之差便可能导致满盘皆输。

未几，洛阳城突发巨变，大将军何进遭宦官伏杀。随即，袁绍带人进宫诛杀宦官。然而螳螂捕蝉，黄雀在后，董卓趁乱入京，摘了桃子。

袁绍逃亡后，振臂一呼，关东诸侯纷纷竖起讨董大旗。

司马朗预感战乱一触即发，于是主动联络野王地区的豪族、原冀州刺史李邵，意图强强联合，共同应对即将到来的乱局。

当时，司马朗察觉到李邵有逃离之意，便特意提醒他："温县与野王如同唇齿相依，一方若遭遇不测，另一方亦难逃厄运。先生您乃一县之望，一举一动皆能引发动荡。要是草率行事，只怕影响不好。"

李邵并未听从司马朗的劝告。果然，他一有动作，百姓便纷纷效仿，导致社会秩序混乱。司马朗无奈之余，只得携全家再次进京，躲避战乱。谁料一行人前脚刚刚踏入京门，董卓便宣布要迁都长安。

即便如此，司马防仍然做足了两手准备——他自己随小皇帝和董卓前往长安，司马朗则负责将全家老小安全护送回乡。

然而此时的洛阳城已经全城戒严，董卓在公卿百官的府门前密布了眼线，司马朗的逃亡计划很快就被密探侦知。

董卓闻讯后勃然大怒，立即下令擒拿司马朗一行人，要求火速将他们“缉拿归案”，他要亲自审问。

这场审问对于司马氏而言非同小可，稍有差池，便可能使整个家族陷入万劫不复的境地。

当时，二十岁的司马朗展现出了他这个年龄不该有的沉着与机智，他为自己辩解说：“明公您以高尚的德行，清除奸邪，广纳贤士，威德已隆，功业已著。然而外面盗贼四起，兵祸连连，州郡动荡。边境之内，百姓无法安居乐业，纷纷抛弃家业，流离失所，即便四关设禁，重刑相加，仍无法平息。我也只是随波逐流，行无奈之举。愿明公您能借鉴往事，稍加三思，若能如此，您的荣名将与日月同辉，即便是伊尹、周公也无法与您相提并论。”

司马朗先是称赞董卓有大功德，能举荐贤士，是治世能臣。接着指出当前兵连祸结，百姓流离失所，自己也只是为了避祸罢了。最后又恭维董卓：大人您若能累修德政，名声甚至会超过古代的贤臣伊尹和周公。

这一顶顶高帽送上，董卓顿时心花怒放，也就不想太过为难这个年轻人了，于是便顺着司马朗的话说道：“你说得很有道理！”

就这样，司马氏得以逃过一劫。

然而，老父亲司马防的计划还得继续进行。那么，接下来司马朗会怎样做呢?

非常时期，就要用非常手段

无论是宦官横行，抑或是董卓专政，世间总有一物，其效用恒久不变，那便是金钱。司马朗深谙此道，遂暗中贿赂董卓麾下官吏，悄然踏上了归乡之途。

一朝重返故里，司马朗并未急于行事，而是先静心审视周遭局势。一番深思熟虑后，他心中渐渐凝聚出一个明晰的判断："董卓悖逆，为天下所仇，此忠臣义士奋发之时也。郡与京都境壤相接，洛东有成皋，北界大河，天下兴义兵者若未得进，其势必停于此。此乃四分五裂战争之地，难以自安，不如及道路尚通，举宗东黎阳。黎阳有营兵，赵威孙乡里旧婚，为监营谒者，统兵马，足以为主。若后有变，徐复观望未晚也。"简而言之，联军和董卓一定会打起来，双方一旦动手，必然会波及河内地区。

事实证明，司马朗所料极准。曹操玩命追击董卓，不料半途遭徐荣痛击，败绩甚惨，几近丧命。待其踉跄回到联军驻地，却见众人正沉醉于酒肉之欢。此情此景，令曹操怒不可遏。他力主联军兵分三路，直指孟津、武关、成皋。众人如醍醐灌顶——取洛阳、成皋势在必行！然而，曹操却因为当时职位卑微而且言辞激烈，被视为以下犯上，又遭一顿训斥，颜面尽失。

温县恰处成皋与洛阳之间。联军若自成皋而出，温县势必首当其冲；而洛阳溃兵，亦必蜂拥至此。温县转瞬之间，便会沦为乱兵横行之地。

司马朗心急如焚，召集族人及县中乡绅，提议舍弃温县，迁往黎阳。黎阳有政府军驻扎，其守将赵威孙恰是司马家姻亲，可以给予庇护。

然而，背井离乡之苦，非亲历者难以言表。县中诸家族，皆恋栈故土，不愿离去。有人誓死守护家园；有人坚信关东群雄皆为正牌政府军，不致为难百姓；更多人则选择逃避现实，蜗居家中，祈愿外界纷扰远离此地。

最终，唯有赵咨一人，见识超群，毅然跟随司马朗前往黎阳。史籍记载，赵咨虽因淡泊名利而仕途不显，但其最终仍官至魏国九卿之一的太常高位。其子赵酆，更是司马师、司马昭的得力助手，晋朝建立后，官至骠骑将军，封东平陵公，显赫一时。

由此可见，想要在当时的职场上出人头地，必须保证一个前提——跟对人，然后才能做对事。

也正是在这段时间，小司马懿见识到了很多平时根本接触不到的东西。

世族之所以能成为世族，不仅仅是因为他们垄断了政治资源，更在于他们有着远超底层的思维与见识。这些人的认知是与生俱来的，他们在父辈的庇护与熏陶下成长，自幼便在复杂多变的环境中历练。及至七八岁，刚刚启蒙，便开始在家族的氛围中汲取智慧，早早经历了试错与学习的过程。到了成年以后，只要不是挥霍无度的纨绔子弟，他们大多已对家族的运行模式了如指掌。这犹如在水中“泡”大的孩子，自然而然地学会了游泳。

司马氏虽非顶级豪族，却也拥有极其深厚的家学渊源。遗憾的是，汉兴至此四百年来，司马家族所积累的家学皆源自太平盛世，其适用性亦仅限于太平之时。而今，乱世已至，若司马懿仍如前辈那般一味研习过时的知识，恐怕只能做一个历史的配角。

乱世的降临使父亲司马防和大哥司马朗辗转奔波，对司马懿的学业敦促便有所放松。在此期间，司马懿虽然依旧保持着“好好学习，天天向上”的态度，但在偶然之间，也接触到了许多不在普世教育之内的东西，比如谋略、权术、兵法。虽然我们无从得知司马懿在这些“隐学”上究竟投入了多少精力，但从他日后的表现来看，定然不少。

随大哥司马朗的洛阳之行，也使得司马懿重新认识了这个世界。在此之前，他一直认为为人处世就应该像孔夫子教授的那样，以道德为准则，以圣贤为标杆，大哥司马朗也一直以此为标准言传身教。然而，司马朗在洛阳展现出来的种种手腕，彻底颠覆了小司马懿的三观——原来大哥拍起马屁来滴水不漏，花钱办事也很有一套，又会阳奉阴违地偷偷摸摸溜出洛阳城——这一切，和祖父、父亲乃至大哥之前教的完全不一样，这根本不是一个仁人君子应该做出来的事情。但正是这些蝇营狗苟的手段，在关键时刻拯救了司马家族。

小司马懿逐渐明白了一些道理：在当时的世界上，存在着两套运行法则。第一套法则显而易见，是公平、正义、道德与礼法，它们如同社会的华丽外衣，熠熠生辉。而第二套法则，则隐藏在光鲜的外表之下，是背后的利益博弈，它才是驱动世界运转的真实力量。道德只是表象，利益才是实质。

帝王将相、公侯权贵中，有一些鲜为人知的通用规则，这些规则平时根本接触不到。很多时候，那些冥思苦想却始终无法理解的问题，只要换一个角度，从利益的视角去剖析，一切就会变得豁然开朗。

那些真正能够获得大利益的人，往往是一群不受规则约束的精英。他们跳出了第一套规则的束缚，在默默践行着第二套规则。

想明白这一点，司马懿的人生观、世界观、价值观便开始发生转变。

小友，你二弟将来大有作为

一九六年，曹操将汉献帝接到许昌，自任大司空之职。而司马朗按照父亲的布局，加入曹操阵营，成为司空掾属，自此踏上了仕途。他屡次升迁，历任成皋令、堂阳长、元城令、丞相主簿、兖州刺史等职，仕途一帆风顺。

司马朗为政，使用宽仁之治，大力推行惠民之策。他本人生活简朴，不讲究吃喝穿戴，能以身作则教化百姓，治下安定，百姓极少作奸犯科。

在堂阳任职时，曾有一次，上级要求司马朗按时按质完成造船任务，难度极大。当时，县里相当一部分百姓已经迁往外地，但在听到消息后，担心司马朗无法按时完成任务，承受责罚，便纷纷自备干粮，自告奋勇赶回堂阳，协助司马朗完成造船工作。百姓对司马朗的尊敬与爱戴，由此可见一斑。

东汉末年，天下大乱，社会动荡，民不聊生。司马朗认为，导致这种状况的一个重要原因，就是州郡没有常备兵。几名官吏和一帮巡捕，只能对付小偷、刁民和流氓，若真是武装盗匪来了，完全应对不了。因此，他建议各州郡大力招募兵士，建立自己的正规武装力量。这样既可以外抵蛮夷，又可以震慑治内，这才是长治久安之道。

这个建议后来得到上层采纳，各州郡征兵的制度便源于司马朗的远见卓识。

司马朗与崔琰、贾逵等人，都是志同道合的好友。他们都将天下的兴亡视为己任，并且热衷于品评人物。

一日，崔琰来访司马府，本意是与司马朗喝顿酒、聊聊家常。恰逢司马懿从客厅走过，崔琰好奇地问道："这是谁？"司马朗笑着回答："这是我二弟。"他随即招呼司马懿前来，司马懿于是向崔琰行礼问安。

司马懿离去后，崔琰注视着司马朗，微微一笑，缓缓说道："我阅人无数，今日便敢断言，你二弟将来一定大有作为，成就定会在你之上。你敢不敢和我打个赌？"

司马朗听后先是一愣，随即哈哈大笑，权当这话是崔琰的客套之辞。

不知崔琰当初是真的慧眼识珠，还是只是说了一句应景的恭维话，但历史却证明他预言成真。司马懿后来不仅成就远超大哥司马朗，更是掌控了哥哥所效力的平台，另辟蹊径，重塑乾坤。

张家那位小姑娘，人才不错

能让崔琰作出如此断言的司马懿，在青年时期究竟是怎样一番风貌呢？

据史书所载，司马懿自幼便展现出非凡的气节，聪明且深谋远虑，学识渊博，精通儒家经典。随着年岁的增长，更是常常显露出忧国忧民之情，矢志要为天下苍生谋福祉。这无疑是一位既智慧过人又勤奋好学，且充满正义感的有志青年。

不过说实在的，这样的青年形象在史书中看上去或许光彩照人，但若身边真有这样的朋友，每当你谈及洛杉矶湖人队的引援动态，或是策略游戏中哪位英雄更为强力时，他总是滔滔不绝地跟你讲“三圈理论在公共治理中的应用”，恐怕你便会觉得与其格格不入，难以招架，甚至想要避而远之。

再者，历史上那些王侯将相，在史书的记载中，哪一个年轻时不是这副模样？事实上在他们还未崭露头角时，又有谁会关注他们的日常生活状态呢？因此史书中关于王侯将相未发迹时期的描述，究竟是忠于事实，还是刻意美化，已然无从得知。于是乎，“这孩子从小就很了不起”几乎成了对著名人物的标准描述，其使用频率之高，仅次于开国皇帝降生时“红光遮日、异香满室”的神奇景象。

不过，话虽如此，有些事情我们还是可以大致确定的，即有了父亲和大哥的庇护，司马懿在年轻时期应该过得比较安逸。也正是因此，他才有足够的时间和精力去博学洽闻。试想，如果他需要为生计不遗余力，每天兼职数份工作忙碌到深夜，那么剩下的时间恐怕只能用来吃饭、睡觉了，哪还有时间去博览群书、深造学问呢？

书归正传，话说司马懿到了该成家的年纪。

一日，崔琰来找司马防，两人在谈话间提及了司马懿的婚事。崔琰突然拍掌笑道：“真是天作之合！粟邑令张汪之女张春华，品貌双全，才智过人，现正待字闺中。司马公若有意，我愿为这桩美事牵线搭桥，如何？”

此言一出，司马防与夫人都觉得门当户对，十分合适，实为强强联合，于是欣然应允。就这样，司马懿的婚事在愉悦的氛围中定了下来，虽然带有几分政治联姻的色彩，但也不失为一桩佳话。

张春华初入司马府，虽然性格泼辣，但是重情重义，持家有方，府内上下都对她赞不绝口。原以为此生能与丈夫夫唱妇随，安度岁月，但谁又能料到命运会给她写出那样的人生剧本。张春华势必未料到，这段姻缘竟为她的人生开启了无限可能。

历史似乎总遵循着这样一种规律：凡有大作为之人，其一生之中必会遇到诸多高手与其展开顶级较量。司马懿一生中所遇之人，皆是“‘人精’俱乐部”的终身 VIP 会员。然而，此时的司马懿做梦也不会想到，第一个要与自己过招的，就是站在华夏权谋史顶端的枭雄人物！

或许你已猜到了他的名号，没错，正是那位“连二桥于东西兮”的曹孟德！

如此年轻的司马懿，初露峥嵘，能否接住曹操这尊大佛的出招呢？在此，不妨先剧透一二：首次较量，二人竟打了个平手！

第二章

生死权谋，与曹操顶级拉扯的那些年

高手过招，步步惊心；生死之间，权谋尽显。司马懿与曹操，两个天花板级别的权谋高手，被宿命安排，突如其来地开始了你来我往的暗中较量，看似古井无波，实则每一招都暗藏杀机，每一计都直指人心。也许，暗流汹涌才更惊心动魄。

曹老板送来“死亡通知单”

二十三岁那年，司马懿受家乡河内郡政府举荐，开始在郡内担任上计掾一职。

“上计掾”这个职位是做什么的呢？当时的制度有规定，地方政府需要每年向中央政府汇报政务并接受审计。上计掾的主要工作内容，就是协助地方长官整理资料，拿出一份好看而且经得起推敲的工作汇报表，上报给中央政府。

某日，惊喜来了，司马懿突然接到一份调任通知书。在此之前，他绝对不会想到，这份通知书的到来，竟然在一瞬间改写了自己的命运。自此以后，无论司马懿的初心是什么，他都被牵扯着踏上了一条再也无法回头的路。

给司马懿发来调任通知书的，正是曹操。

在司马懿初涉职场的这一年，曹老板也迎来了事业的上升期。这一年，曹操终于摆脱了受制于人的尴尬处境，擢升司空，挟天子以令不臣，地位显赫，权势滔天。

成功掌控小皇帝后，随着政治地位与声望的日益显赫，曹操开始利用朝廷的余威，大张旗鼓地提出“唯才是举”的用人原则，号召天下能人异士为大汉之重生而共同奋斗。

当然，曹操求贤的核心在于“佐我仄陋”与“吾得而用之”。换言之，就是将国家的人才逐步吸纳为自己的幕僚，使他们将原本对汉帝的忠诚转换为对举主曹氏霸府的效忠，从而建立起以自己为核心的外朝君臣体系。

时至今日，我们或许能够更加深切地体会到，“挟天子以令不臣”对于曹操而言，其重大意义不仅仅体现在政治和军事上的优势，更在于它为那些原本徘徊不定的士族子弟指明了方向，促使他们纷纷归附。如此，曹操便得以打造一个人才荟萃、独步天下的强势团队。

这种局势下，对于连崔琰看了一眼便觉得“此子必成大器”的司马懿，曹操哪怕只是为了彰显自己求贤若渴的人设，也自然是不会放过的。于是，曹老板亲自执笔，给司马懿写了一份入职通知书：小伙子，鉴于众多高官都对你赞不绝口，本座意欲对你进行破格提拔。收到通知，速来报到。今后忠君爱国，努力工作，我看好你哟。

仅仅阅读文字，或许我们难以深切体会到这份震撼。不妨设想一下，如若你在大学毕业后不久的某一天，突然收到一位只有在新闻里才能看到的大人物亲自发来的录用通知书。他要打破常规，邀你加入他的团队，承诺为你预留一个待遇很好的岗位，试问，你还能保持镇定吗？

然而，司马懿的反应超乎寻常，他给曹操的回信是这样写的：蒙受司空大人青睐，晚辈本应欣然为大人鞍前马后。但近期不幸罹患风湿性关节炎，日常饮食起居均需卧床，实在难以起身行事。唯恐因此耽误了您的大事，望大人先行寻觅其他贤能之士，待我康复，定当全力以赴，为大人效犬马之劳。

好家伙！直接把曹操给拒绝了。那么，司马懿为什么要这样做呢？

若新事物初现端倪，便急于涉足，往往犹如雾中观花，难以窥见其本质，更有甚者，可能会在懵懂无知中遭受损害。然而，时间是位公正的裁判。它会使优秀之物愈发熠熠生辉，亦会让不良状况显露无遗。随着时光的流转，等势态越发明朗，再依据形势做出明智抉择，便会拥有引领事态走向期望结局的力量。

故而那些有识之士，常常采取以静制动的策略。即使危机迫在眉睫，他们亦能保持镇静，为自己留出思考的空间。这份沉稳与睿智，才是他们安身立命的根本。

此时对于司马懿而言，最明智的做法绝不是如赌徒一般，将自己的前途作为赌注，疯狂押注一位雄主，而是静待时机，待价而沽，以图长远。否则，一旦曹操在三国的红海竞争中陨落，他司马懿岂不是也要一同凋零？

以“风痹”为由拒绝了曹操，司马懿的工作自然也不能再干了，他只好托病归家，开启全职装病模式。

曹操看到司马懿的回信，笑了：你小子跟我玩这套？这都是你大爷我玩剩下的！你装病是吧？我让你装！

转头，曹操就派去一名刺客。半夜，刺客持着剑，翻墙闯入司马懿的私宅，悄然无声地直奔他的卧室而去……

要赌，就赌一把大的

关于曹操派遣刺客试探司马懿的那一幕，正史惜字如金，未留详尽笔触，但这并不妨碍我们以合理的推测与丰富的想象，去填补那段空白。

大家都知道，你永远叫不醒一个装睡的人。不过这个逻辑要成立，还要暗含一个前提——叫人者没有触及装睡者的人性本能。

那么，什么是人性本能呢？简单点说，就是饿了要吃饭、困了要睡觉、尿急要上厕所、怕死、逃生、避险……这些人类的本能反应，倘若没有经过特殊训练，根本无法克制和伪装。

所以，如果想要测试司马懿是不是装病，按常理来说，最有效的方法就是将司马懿惊醒。倘若迷迷糊糊的司马懿见到刺客以后，第一反应是奋起搏斗，或是迅速拉起被子蜷缩在床角，嘴里大喊着“好汉饶命”，那么无疑，他这病就是装出来的。

当时，那把剑距离司马懿的喉咙可能只有0.1厘米，可司马懿纹丝未动，并且以极其平和又有条理的口吻与刺客谈判：“老兄，此刻屋内漆黑一片，你我面容皆隐于暗影之中，难辨彼此。若你此刻抽身离去，我向你保证，我不报官，而且一小时内绝对无人追踪你。若你一意孤行，我便高声呼救，到时即便你能取我性命，你自己也是插翅难逃。何去何从，你自行定夺吧。”言罢，便闭目静躺，不再发出一丝声响。

刺客此次的任务是刺探，并非取人性命，见司马懿连避险的本能都未显露，便知多说无益，遂转身一脚踹开窗户，纵身跃出，瞬间消失在茫茫夜色之中……

归来后，刺客向曹老板详尽叙述了整个试探过程，曹操则始终沉默不语。

曹操知道，此事只有两种可能：其一，司马懿确实病得不轻；其二，司马懿非但无病，还心机深沉，时刻戒备着随时可能出现的刺探，更能在命悬一线之际保持冷静，其克制力竟能压制人性本能，简直太可怕了。

凭借丰富的阅历以及天生的睿智，曹操断定，第二种情况的可能性更高。而且曹操自然心知肚明，司马懿之所以拒绝自己，正是因为他不愿意盲目择主。

就这样，曹操与司马懿之间的第二轮交锋，以司马懿的小胜告终。那么，曹操又该如何出招，进行第三轮较量呢？

这一次，曹操使出的招数极为狠辣。

接下来这招，是极狠的

今日你对我爱答不理，他日我要你高攀不起。

两次过招以后，曹操便彻底放弃了对司马懿的征召，任由其沉寂于时光的边缘：“你司马懿既然以装病避仕，那我就成全你，看你能将这病态扮演至何时！小伙子，你年少有为、才华横溢，这样一个朝气蓬勃的有志青年，如此日复一日地躺在床上装病人，你能够装多久？待到那份煎熬再也无法承受，你的伪装终将暴露。到那时，我倒要看看，你是如何自圆其说，又如何收拾这尴尬的残局！”

曹操这番操作，不可谓不毒辣。这意味着司马懿必须日复一日地躺在床榻之上，扮演一位生活不能自理的重病患者，同时还要时刻保持警惕，随时准备应对那些不时前来窥探的耳目。一旦显露任何破绽，即便能保住性命，自己的一生也将从此黯淡无光。毕竟，被曹操这样一位喜怒无常且手段狠辣的权谋家抓住把柄，那生存的境遇，或许比死亡更加难受。

我们的主人公司马懿，就这样装风瘫，装了整整七年。待他再度入仕，已经到了而立之年。对于一个男人而言，这段本该充满欢愉、游历四方，或是为事业奋力打拼的黄金岁月，在司马懿的世界里，却如同电脑硬盘中被删除的数据一般被抹去，不留一丝痕迹。

这七年，是迷茫与期待交织的时光。迷茫，是因为司马懿无法预知这样的日子何时能够终结；期待，则是因为司马懿深知，无论如何，这一切终将有尽头。

面对人生中的蹉跎时光，低情商者与高情商者的应对策略迥然不同。低情商者往往沉溺于抱怨、愤怒与压抑之中；高情商者则会视此为契机，把它作为一个难能可贵的自我充电的养势阶段。

事实上，人生之路不可能铺满欢笑，永恒的快乐亦是寻而不得的幻影。幸福如同流云，飘忽不定，上苍并未赋予它们永驻人间的使命。

就生活而言，快乐并非它的全部，忧伤也不是它的全部。如今，不少人热衷于在社交软件上挥洒伤感的笔触，有些人或许只是抒发一时的心境，而更多人则是在玩弄文字，企图营造出一种悲凉或“文艺范”的氛围。然而，大家未曾意识到，那些将悲伤渲染至极的句子，或许能暂时引起别人的共鸣，一旦大家回到各自的生活轨道，那些文字便如过眼云烟，被人遗忘。唯独自己，可能因此深陷忧郁的泥沼，无法自拔。

我们这个世界，从古至今，都很少给伤心的落伍者颁发奖牌。

不知道司马懿有没有像诗人食指一样写道：“当蜘蛛网无情地查封了我的炉台，当灰烬的余烟叹息着贫困的悲哀，我依然固执地铺平失望的灰烬，用美丽的雪花写下：相信未来。”

司马懿一定相信未来，相信命运会给自己一个客观的答复。事实上，多年后的生活的确给了命运多舛的他一个原本属于他的未来。

在这漫长的七年时光里，我们的主人公司马懿除了例行公事般装病以外，几乎将全部时间和精力都放在了知识储备上。这段经历虽然有点苦涩，却也为他日后运筹帷幄、驰骋天下奠定了坚实的基础。

生活或许蹉跎了司马懿的岁月，但司马懿却以他的努力和才华，惊艳了时光。

当然，要说这七年里完全没有一丝波澜，也是不准确的。比如，在某个突如其来的雨天，发生了一场血案——张春华杀人事件。

建安六年，一场大雨引发的血案

建安六年（201年），司马懿的老家河内郡温县发生了一桩命案。一位女子持刀行凶，将另一位女子残忍杀害。

作案人：张春华。

受害者：无名侍女。

行凶理由：家事不可外扬。

作案经过：如下。

司马懿称病隐匿的那段时日，妻子张春华与一名近身侍女共同负责司马懿的日常饮食起居。

侍女年纪还小，稚气未脱，期望她严格保守机密，风险过大。故而，司马懿唯独与张春华独处时才会卸下伪装，生龙活虎，而在侍女面前，他依然要无时无刻保持着那种饱受病痛折磨的狼狈模样。

某日，张春华巧作安排，与侍女一同外出采购家庭生活用品，留下司马懿在家独处。显而易见，张春华此举用心良苦，她在努力为丈夫创造自由，哪怕只是片刻时间，哪怕他只是下床活动一下筋骨。这家伙整日卧床不动，眼见身体都不太行了。

当时天气极好，万里晴空，主仆二人在出门之前，顺手将司马懿珍藏的书籍摊晒在庭院中。然而，正应了那句话：“天有不测风云，人有旦夕祸福。”就在她们出门后不久，晴空骤变，黑云呈压顶之势滚滚而来，瓢泼大雨倾盆而下。

司马懿嗜书如命，眼见自己的宝贝书籍将被损毁，来不及多想，便三步并作两步冲到院中。与此同时，张春华与侍女也急匆匆地赶了回来。

院门推开的一刹那，映入主仆二人眼帘的，正是司马懿匆匆忙碌的身影。侍女满脸错愕，脱口而出：“二公子，你怎么……”

说时迟那时快，只听一声短促的惨叫，侍女的声音戛然而止，她的脸上写满了无以复加的痛苦与错愕。

侍女的身体慢慢瘫软，滑落在地，她的后心插着一把匕首，伤口不断流出的鲜血与地上的泥水混在一起，曲折漫延，无声哭泣。

目睹眼前发生的一切，司马懿怔立当场，任凭冷冷的冰雨在脸上无情地拍。

张春华却一脸淡然：“赶快收书吧，其他的事情交给我。”

司马懿点了点头，继续抢收那些被雨水玷污的珍贵典籍。当他怀里抱着书，有些忘神地走向房门时，张春华的声音轻轻飘来：“夫君，今天的午饭只能由我来操持了，你可别嫌弃不合你的口味。”

司马懿回过头来，满脸堆笑：“怎么会，夫人的手艺在我心中始终是无可挑剔的。”

史书记载，此事过后，司马懿对张春华的态度有了显著的转变，“由是重之”。这也难怪，这样一个年轻女子，心思如此缜密，手段又如此果决，今日能处置侍女，他日若是小两口闹了什么矛盾，司马懿夜里睡觉还敢闭上眼睛吗？

讲到这里，或许有些深受影视剧影响的读者，会脑补出一些司马懿夫妇恩爱缠绵的画面：他们白发苍苍，牵手走在长安大街的梧桐树下，你望我一眼，我回以温柔一笑，在外既是比翼鸟，在家又是连理枝……然而，我们还是得尊重史实。

正史《晋书》记载，司马懿后来纳柏夫人为妾，与张春华处于长期分居状态，张春华想要见司马懿一面都很难。尽管如此，张春华对司马懿还是有感情的。后来，上了年纪的司马懿真的生了重病，张春华特意精心打扮了一番前来探望。然而，司马懿一见到她，便怒不可遏地破口大骂："你这讨厌的老太婆，来烦我做什么！"这一幕着实让天下有情人唏嘘不已。仿佛一记利刃狠狠劈下，张春华的心被司马懿伤得支离破碎。她黯然回到房中，以绝食来反击翻脸无情的司马懿。这一幕，就连司马懿的孩子们都看不下去了。

张春华和司马懿共诞下三子一女，分别是晋景帝司马师、晋文帝司马昭、平原王司马干以及南阳公主。这些孩子毫不犹豫地站到了母亲身边，在长兄司马师的带领下，与母亲一起绝食，逼司马懿向张春华道歉。

可是，司马懿即便道了歉，又怎会与念及夫妻情谊有关呢？那不过是一种形式，一种毫无歉意的敷衍罢了。据记载，事后司马懿提及此事，仍然心怀愤恨地说："我不过是心疼孩子们，那个老东西死不足惜！"

一世夫妻，反而视对方如仇敌。

张春华于魏正始八年（247年）离世，享年五十九岁。从张春华的角度来看，她无疑是一个出色的贤内助，助丈夫成就了一番事业，堪比历史上的吕雉。然而，这样的女性往往并不容易被男性喜爱。就像刘邦厌倦强势的吕雉一样，司马懿也终究厌倦了同样强势的张春华。

尽管张春华死后被孙子司马炎追封为宣穆皇后，但从妻子的角度看，张春华并未得到司马懿自始至终的爱。

不做我的人，就让他再世为人

二〇七年，曹操麾下首席谋士郭嘉猝然离世，此事在历史洪流中激起层层涟漪。恰于此时，刘皇叔三访茅庐，终得诸葛亮出山相助。于是，坊间便有了这样一段传言：才智超群的诸葛卧龙之所以一直隐世不出，是因为这尘世中有个郭嘉在，直至坐实郭嘉逝去的消息，他才敢放心大胆地走到历史的台前。

当然，这只是世人的妄测。

曹操在无尽的哀思中度过了一个沉重的春节，时间过得很快，转眼便到了二〇八年。某日，曹操欲寻人商议对策，脱口而出："快去叫奉孝过来。"随即神色便黯淡下来。

此时，曹操忽然忆起七年前，有那么一位年轻后生，竟敢直接拒绝自己的盛情邀请，一直借病遁世，隐于家中。他眼中闪过一道寒光，对身旁的护卫做了个"你过来呀"的手势，附耳低语："还记得七年前我让你去办的那件事吗？今日，你再去一趟……"

护卫领命，转身欲行，刚至门口，又被曹操唤住。此时的曹操面上寒气愈重，语气冰冷如霜："此番前去，若他还是大病未愈，便给他一个痛快吧，免得他一生受病痛折磨！”

次日，那护卫堂堂正正地从正门进入司马懿府邸，开门见山地问道：“司马先生，我的声音您可还有印象？”

司马懿先是垂目沉思，然后猛然抬头，惊道：“七年前那个晚上，难道是你？”

护卫微微一笑：“司马先生，您是聪明人，还需要我多作解释吗？今天，曹丞相命我再来请您一次。”

司马懿站起身来，说：“好，我病好了，这就跟你去见丞相。不过请容我片刻，简单收拾一下行装。”

这突如其来的转变差点惊掉护卫的下巴。

你们可知道这一次司马懿为何没有再次拒绝曹操？原因其实很简单。

第一，昔日司马懿婉拒曹操，乃因彼时曹操尚未崛起。而今曹操已经基本统一黄河流域以北，稳坐北方霸主之位，官至丞相。这恰恰符合司马懿待时而动的初衷，因为他从一开始想要抱的，就是乱世中最粗的那条大腿。

第二，曹操喜怒无常，果决好杀，若一而再地遭受拒绝，面子上挂不住，势必会被激怒。那么结果很可能是——我得不到的东西，一定要亲手毁掉它！

一如前文所述，这七年，司马懿并未任由时光蹉跎。他一方面博览群书，另一方面密切关注天下局势，细心观察每一位大人物的一举一动，对曹操的内心世界更是反复揣摩、推演了无数次。因此，他断定曹操此次派人前来，只有两个目的——要么邀己入伙，要么除己而后快。简而言之，司马懿已经没了选择。

不过，司马懿此时再入曹操阵营，已然没有了当初的待遇优势。

七年的装病生涯，使司马懿早已在曹操心里扎下了一根刺——这家伙哪怕有一点儿病也还好，若全都是装出来的，就太可怕了！

从历史的角度看，在司马懿装病隐退的七年时光里，若曹操大祸临头或者身死道消，司马懿或许可以免于背负历史带来的压力。偏偏世事难料，那个被他婉拒的曹操，最终成了他高攀不起的人。这意味着，即便司马懿最终向曹操屈服，他在曹操心中也已失去了作为下属最宝贵的资源——信任。因为这个年轻人无法给曹操带来安全感，不是一个可以完全掌控的人。

弱势时，要有弱势者的觉悟

世间存在着一条令人无奈的定律：福不双降，祸必同行。

初入职场的司马懿尚未从上司的猜忌中走出来，便又遭遇了著名的“狼顾”风波。事情是这样的：有人向曹操递交密报，称司马懿眼神锐利如鹰，且有狼顾之姿，建议尽早除掉。

鹰视易解，狼顾又是何意呢？原来，传说司马懿能够在双肩纹丝不动的情况下，将头部直接转向身后，就像野狼回首一样。相书上认为，带有此相的人内心凶险，野心勃勃，狡诈至极。

曹操闻言，嗤之以鼻，认为纯属无稽之谈，因为这种说法完全违反了人体科学。众人对此也很好奇，便提议不妨一试。曹操应允，决定亲自验证。

一次工作会议结束后，众人正准备离去，曹操突然喊了一嗓子：“仲达啊！”

司马懿毫无防备，回头应答……

这一幕，让曹操对司马懿的戒备又凭空增添了几分。

然而，戒备归戒备，司马懿毕竟是自己设法召来的。难道就因为人家转头时肩膀不动，就要将其斩杀吗？这显然不合情理，也会让天下的读书人心寒。于是，曹操强忍杀意，将此事压下。

俗话说：同行是冤家。对于野心家而言，最忌惮的对手，莫过于另一位野心家。曹操是靠欺负老刘家孤儿寡母起家的，他必然担心司马懿会依葫芦画瓢，将自己辛苦建立的基业推倒重组。但转念一想：若因捕风捉影之事随意杀人，势必会失去人心，自己的宏图霸业也会受到影响。权衡利弊之后，曹操选择了隐忍，他要等抓住司马懿的把柄以后，新账旧账一起算。

与此同时，司马懿也在默默隐忍。他的隐忍，实则是为了明哲保身。司马懿最终没有让曹操的担忧成真，没有成为曹魏政权真正的掘墓人。而且在当时，他心中显然没有这样的宏图大志。并不是说司马懿缺乏野心，而是他既无资历，也无资本去抗衡强权。再度入仕的司马懿，顶多偶尔遐想一下如何脱颖而出，取代荀彧、荀攸或贾诩等高层管理者，又怎会一入职场就想着推翻上司、取而代之呢？

司马懿的隐忍，简直源于一场无妄之灾。可以想见，当时的司马懿，内心是何等郁闷、恐惧与委屈。然而，人在屋檐下，怎能不低头，此刻保命才最要紧啊！

这段时间，司马懿工作起来简直废寝忘食，他一不怕苦，二不怕累，三不怕没功劳，一直以上进员工的姿态做着毫无成绩的事情。实际上，以司马懿的才能来说，工作履历怎么可能如此平庸？恐怕是迫于曹操的威压，不得不平庸吧。

《道德经》中说道："大道氾兮，其可左右。万物恃之以生而不辞，功成而不有。衣养万物而不为主，常无欲，可名于小。万物归焉而不为主，可名为大。以其终不自为大，故能成其大。”意思是说：大道浩渺，遍布四海，贯通天地，无微不至。万物皆赖其滋养，潜滋暗长，而它功成弗居，淡泊名利。生养万物而不自矜，可谓其“小”；然万物归附，却不称霸，亦可谓其“大”。正因其不以大为恃，方能成就其伟大，圆满其宏伟。

据传，有人曾向智者求教：“您乃当世大智者，敢问天地相距几何？”智者淡然答曰：“三尺。”问者闻言哂笑：“常人身量已逾五尺，天地之间岂容得下此人？”智者神色泰然，缓缓言道：“凡身高于三尺者，欲立身于天地间，须学会适时俯首谦逊。”

智者此言，实乃告诫世人：为人处世，切忌傲慢自大，宜收敛锋芒，日常生活中应秉持谦逊低调之态。盖因昂首过高，易招灾厄。试观杨修之祸，皆因恃才傲物；反观司马懿之存，实乃因其谦恭谨慎。诸位闻此，便应有所领悟。

书归正传，且说此时的司马懿还不知道，在曹营之外，另一个高手已经崭露头角，而二人之间注定会有一场在月明之夜的决战，于紫禁之巅分出胜负。

第三章

冢虎潜笼，成为可怕的自律人

真正的自律不是表面的谦逊和卑微的谨慎，而是透心刻骨地认识到猖狂之害，是铭肌镂骨的自我克制与审明进退。司马懿被誉为“冢虎”绝非空穴来风，他以可怕的自律和深厚的城府，在权力的旋涡中始终保持清醒，明哲保身，步步为营。

诸葛孔明，蠢蠢欲动

诸葛亮心知肚明，自己这种草根若想引起当世大佬们的注意，就必须精于自我包装与自我营销。“营销”一词由来已久，追溯其源，西周时期的姜子牙可以称得上营销界的鼻祖。

三千多年前，晚年的姜子牙仍然一穷二白、一事无成。他判断出西岐要对殷商搞事情，知道这是乱世出英雄的大时机，便从河南迁徙至陕西的渭水河畔，自导自演了一幕直钩垂钓的行为艺术。

一如姜子牙所料，吃瓜群众果然成了自己的媒介，他们口口相传，说：“渭水河畔来了一个脑子不太灵光的老头，天天用直鱼钩钓鱼，等鱼自己上钩。你说这老头傻不傻？”

所谓“好事不出门，坏事传千里”，这话传来传去便传到了周文王耳中。周文王猜想，做事不正常的人一定不寻常，于是寻迹而来，果见一位白发苍苍的老者，面朝渭水，独钓千古。

文王趋步上前：“你是谁？”

姜子牙：“姜尚。”

文王：“为何用直钩钓鱼？”

姜子牙："愿者上钩。"

在自我营销的过程中，推销手段可以有无数种，但唯有那些能够切实抓住受众注意力的手段，才能达到理想的营销效果。客观地看，无论在任何时代，自我营销总是层出不穷、铺天盖地，令受众应接不暇。久而久之，受众必然会出现视觉疲劳以及本能的抗拒情绪。

在此背景下，若想吸引受众的注意力并激发其热情，自我营销必须独辟蹊径。宣传过程中设置的悬念需要足够深刻，才能令受众印象深刻，进而对营销活动产生有效的推动作用。

周文王果然被姜子牙的言论所吸引，两个老头坐在渭水河畔进行了一番推心置腹的深入交谈。文王如获至宝，拉着姜子牙的手坐上自己的豪华座驾，一同返回封地，并拜姜子牙为太师，尊称其为太公望。

总结归纳姜子牙的自我营销策略，大抵可概括为四点精髓：

第一，精准定位伯乐。彼时，商纣王暴虐无道，奸臣横行，百姓苦不堪言，而周文王以贤明著称于世，故姜子牙毅然离开河南，前往陕西渭水河畔。此乃周国之境，文王疆土，选择来到此处，意图明显。

第二，巧妙制造话题。一位老者日日痴坐于河畔垂钓，鱼钩竟直而无弯，此等奇事自然引得众人好奇、口耳相传，终至人尽皆知。

第三，适时展现才华。待周文王被"钓"到此处，姜子牙便在畅谈之中，将自己上知天文、下通地理，兼通军事与管理的卓越才华展现得淋漓尽致，一举通过主考官的面试。

第四，故意高筑门槛。虽然我有才华，但绝不轻易屈就。传说中，姜子牙让周文王亲自拉车载其归都，更有所谓文王拉车八百步，姜子牙便暂保周朝八百年的佳话。此番营销，周文王得遇能臣，姜子牙亦能施展所学，皆大欢喜。

再将目光转向诸葛亮，其策划精妙，布局老练，营销手段同样步步为营，与姜子牙颇有异曲同工之妙。

在正式出道前，二十七岁的诸葛亮已经声名鹊起。彼时的东汉王朝动荡不安，群雄并起，各自为政。自董卓之乱后，汉献帝形同虚设，成为曹操的傀儡，大权旁落于曹操之手。在这样的背景下，天下逐渐形成了八大政治势力。这八大政治势力犹如八条巨龙，在历史的洪流中翻腾。

第一，自然是曹操集团。在赢下官渡、平定乌丸之后，他基本上统一了北方，成为当时最耀眼的政治明星。他挟天子以令诸侯，坐拥广袤的土地，拥有雄厚的经济基础和众多人口，实力远超其他竞争对手。

第二，是孙权集团。孙权继承了父亲和兄长的基业，依托长江天险，稳坐江东六郡。江东地区同样人才辈出，武将多为跟随孙家开疆拓土的功勋老将，文臣则是从江东名门望族中选拔出的精英。经过苦心经营，一跃成为仅次于曹操的第二大军阀政治集团。

第三，是刘表集团。官渡之战后，刘表选择了守势，退守荆州。随着曹操和孙权势力的不断扩张，荆州逐渐成为两者争夺的焦点。为了抵御曹操的进攻，刘表收留了刘备，并将其安置在新野，让他在新野坚守前沿阵地。

第四，是刘璋集团。刘璋其人性情柔弱，智谋短缺，威望也不高。蜀中地区在他的治理下叛乱四起，局势混乱。

第五，是马腾、韩遂集团。此二人共据凉州，却因私怨而生龃龉，终至反目成仇。马腾麾下虽有马超、庞德等猛士，但整体实力并不够强。

第六，是张鲁集团。张鲁原本是刘璋的下属，盘踞在汉中。张鲁其人傲慢难驯，不服管教，因此与刘璋关系日渐紧张，最终一怒之下割据汉中，裂土称雄。至于实力，也就比当时刚刚崭露头角的刘备强一点儿。

第七，是刘备集团。刘备这个时候还在到处给人打工，单从实力上来说，算不得一方诸侯。但其人善于借势，以汉室宗亲自居，精于打造人设，以贤德闻名于世，麾下又有关羽、张飞、赵云等猛将，是一支潜力股。

第八，是公孙集团。该集团由辽东太守公孙度创立，后由其子孙继承家业。及至曹操平定乌丸，时任掌门人的公孙康审时度势，归顺曹操，成为曹操麾下的一支附庸力量。

这八大势力中，刘表、刘璋、张鲁之辈，显然少了那份开拓进取的雄心壮志；凉州的马腾、韩遂集团，与辽东的公孙集团，虽说各有千秋，但地处偏远，实力又相对薄弱，自然也不是诸葛亮心中的理想归宿；至于刘备集团，眼下实力尚显单薄，显然不是求职的首选。相比之下，曹操与孙权两大集团实力雄厚，盘踞在中原与江东，应正是诸葛亮一展才华、实现心中抱负的绝佳选择。

若诸葛亮有意投身职场，理应在曹操、孙权这两者之间做出选择。然而，尽管诸葛亮才华横溢，声名远扬，但从求职的角度看，他也有着明显的短板：一是年轻，资历尚浅；二是缺乏职场历练，实战经验匮乏。在这样的背景下，诸葛亮想要像管仲、乐毅那样，一步登天，成为集团的核心领导，这在曹操、孙权，甚至是刘表那里，都不现实。毕竟，这些集团已经有了稳定的领导团队，不太可能轻易让一个新人进入核心管理层。

于是，刘备反而成了诸葛亮求职名单中的绝佳选择。据说刘备有汉室血统，他喊出的口号也是“光复汉室”，这与诸葛亮的个人价值观不谋而合。而且，刘备人设立得好，深得人心，有群众基础。尽管刘备团队目前规模尚小，但发展潜力巨大。最为关键的是，刘备团队中虽然猛将如云，却恰恰缺少一位足智多谋的策划者。这一点对于诸葛亮来说，无疑正中下怀。

所以，选刘备，没错的！

事实上，诸葛亮在临近出山之前，就已经开始精心布局自己的职业生涯。他不再只是闭门苦读、耕作自给，而是迈出门槛，主动结交天下名士。这些名士深受时人推崇，与他们为伍，无疑是提升知名度的一条捷径。诸葛亮凭借深厚的学识和超群的口才，与这群名士侃侃而谈，轻而易举地将他们折服。一段时间以后，这些人无论走到哪里，都会有意无意地提起诸葛亮，说卧龙岗上有个诸葛孔明，此人不仅学识渊博，还淡泊名利，实乃德才兼备的青年才俊。

在众多“活广告”的自愿转发与推荐之下，诸葛亮的名声越来越大。

诸葛亮同样是个自我包装高手。他自号卧龙，自比管仲、乐毅。卧龙之名，寓意潜龙在渊，一飞冲天；管仲乃春秋名相，辅佐齐桓公成就霸业；乐毅则是燕国名将，曾率五国联军攻克齐国七十余城，威震天下。如此对标，起点之高、眼光之远、志向之大，可见一斑。

平心而论，当时并非所有人都吃诸葛亮这一套。与传闻相比，认识诸葛亮的人，对其评价简直两极分化。一部分人认为他是嘴巴上的巨人，因为说大话不纳税，所以尽情给自己戴高帽；另一部分人则觉得诸葛亮的人品与才华完全配得上他的自我定位，即便管仲、乐毅在世，也未必强过诸葛亮。其中，黄承彦、徐庶和司马徽这三个人，更是诸葛亮的忠实拥趸。

黄承彦年岁远长于诸葛亮，见诸葛亮青年才俊，料定其日后必成大器，便主动与诸葛亮说："诸葛贤弟，我看你也到了成家立业的年纪，老哥有一女，才情出众，与你甚是匹配，只是容貌普通，发色偏黄，肤色偏黑，稍显粗犷。我看贤弟也不是那种肤浅的颜值控，如果不嫌弃，哥哥介绍你们认识一下？"诸葛亮自然不好拒绝。

谁知有生以来第一次相亲，便定下了姻缘，从此"哥哥"变成了"老丈人"。

诸葛亮之妻黄月英虽然容貌普通，但也是大家闺秀。当时在荆襄一带，有五大家族势力最大，分别是蔡家、庞家、蒯家、黄家、习家，黄月英便是黄家的女儿，蔡家家主的外孙女。诸葛亮因此得以以家婿的身份游刃有余地游走于荆襄地区错综复杂的关系网中。

其后，徐庶被迫离开刘备前往曹营，临行前向刘备举荐诸葛亮。这大概也是营销环节中的一部分。徐庶刚走，司马徽又来了，名义上是来看望徐庶，实则却是为诸葛亮背书，称赞他学富五车、胸有千壑，不逊兴周八百年的姜尚、旺汉四百年的张良。后来，刘备之所以要三顾茅庐才能见到诸葛亮，想来也是因为诸葛亮事先层层铺垫，精心布下的一环扣一环的棋局。

刘备第一次前往隆中时，在田间荷锄的农夫都在高声唱着诸葛亮所作之歌："苍天如圆盖，陆地似棋局……南阳有隐居，高眠卧不足。”当然，这次前往草庐，刘备未见到其人。返程路上，刘备遇到了诸葛亮的一位好友崔州平，这位好友自然又是不遗余力地推崇赞誉了诸葛亮一番。

第二次踏足隆中，尽管寒气逼人，鹅毛大雪飞得凌乱，可捧场的人却是不减反增。在路旁的小酒店里，刘备遇到了诸葛亮的好哥们儿石广元和孟公威；在草庐内，则是遇到了诸葛亮的亲弟弟诸葛均和老丈人黄承彦。这些亲朋好友们，表面上是在悠闲地吟诵，实际上却是在不断地向刘备传送信息：“凤凰飞翔在千米高峰之上啊，不是梧桐树它可不栖。有才之士隐居在一方天地啊，不是明主他可不依。”这话里话外，除了说诸葛亮有着非凡的志向，更是在间接地夸刘备是个值得依附的明主。这高帽戴得，那叫一个舒坦！

当然了，事不过三。既然配角们已经轮番登场，那第三次，主角好歹也该登台唱戏了。否则再钓下去，大鱼就跑了。果不其然，这第三次，刘备终于见到了头顶光环、声名远播的诸葛孔明。一番深入的隆中对谈，天下大势已然三分，刘备的眼前仿佛展开了一幅波澜壮阔的事业蓝图。他不禁感慨道：“吾得孔明，如鱼得水！”

至此，孔明的“品牌推广”大获成功。随后不久，就发生了那场令曹老板再也无法“揽二乔于东南兮，乐朝夕之与共”的赤壁大战。

丞相，仲达有个建议

二一五年，赤壁战败七年后，曹老板重整旗鼓，亲率大军，携同司马懿，浩浩荡荡杀向汉中地区。

摆在汉中王张鲁面前的，有两条路：一条是硬碰硬，跟曹操死磕到底，但这样一来，即使保住汉中也要付出巨大代价，伤敌一万，怎么也得自损一万二；另一条路，就是向曹老板俯首称臣，弊端就是没了自主权，从此由一方霸主变成曹老板手下的高级打工仔。

张鲁还有一个身份，据传是留侯张良的十世孙、天师道（五斗米道）教祖张陵的嫡孙。他继承家业，是为天师道第三代天师，也是个真心实践道家思想的人。

《道德经》有讲："明道若昧，进道若退，夷道若颣。"意思是说，了解自然之道的运行，便可以洞悉万物转化的奥妙。此理非俗流所能解，故看似愚昧，实则大智若愚。以柔和之道处世，不强求，不张扬，使万物各归其位，此乃顺应自然之律。行此大道者，心怀虚谷，不执于物，故似退实进。虽行道之途或有坎坷，然圣人始终保持谦卑谨慎，终得圆满。此道看似崎岖，实则通达，皆因循自然之理，步步为营。

老子认为，人呀，要知道什么时候该进，什么时候该退，不要为了欲念一味横冲直撞，最后成了欲念的奴隶，入了名利的埋骨地。倘若势不利己，何不先退一步，避其锋芒，等他势头稍减，再想办法转败为胜。能屈能伸、能进能退，这样的人才是真正的有智慧。退却不是软弱，是为了保存实力；伏低不是认输，是为了更好地突破困境。

张鲁有一颗道心，也是个性情中人，为了使治下的老百姓不受伤亡，大手一挥：全体向曹老板投降!

这件事，说实话做得挺漂亮，既保存了自己，又标榜了仁义，称得上是智者所为。

这期间还有个小插曲。有人给张鲁出主意，说“你干脆投降南边的刘皇叔算了，他刚刚占了益州，势头正猛”。张鲁直接怼了回去：“我宁可为曹公做牛做马，也不愿做刘备的座上宾！”看来，在张鲁眼里，曹操比刘备更值得尊重。

坏就坏在张鲁有个弟弟，叫张卫。他听闻兄长有意将汉中拱手相让，心中十分不忿，私下里纠集了一帮人马，誓要与掠夺自己家业的曹操拼个鱼死网破。其结果，可想而知。

如果没有张卫这一闹，张鲁献上汉中，大功一件，其诚可嘉，曹操定会待他不薄。可是这一闹，张鲁再想投降，就有点送羊入虎口的意味了。

左右为难之际，谋士阎圃站了出来，劝说张鲁率众南撤，主动给曹操腾地方。同时，除了人以外，甭管是金子、银子，还是粮草等物，统统原封不动留给曹操，一定要让曹老板看到他们的诚意！

张鲁依策而行。

曹操进入汉中，看到张鲁的做法，心下了然，连忙派人前去慰问张鲁，并请他回来商议携众入股曹氏集团的后续事宜。就这样，张鲁带着全家老小以及朋友心腹重新回到了汉中。

曹操以座上宾礼待张鲁，更是对他的豁达与仁义赞不绝口，并以汉献帝之名，封赐张鲁食邑一万户。不仅如此，又将张鲁五子及谋士阎圃皆封为列侯，更让自己的儿子曹宇娶了张鲁的女儿为妻，两家就此结为姻亲。

张鲁最终在曹操麾下安享晚年，结局非常正能量。至于其旧主刘璋，他将刘备迎入益州以后，经历真是一言难尽。

拿下汉中以后，曹操开始琢磨下一步应该怎样走：是班师回朝暂时休整，还是继续南下，直接与刘备开打？就在这时，我们的主人公司马懿，那个已经透明多年、不曾贡献任何建设性建议的谋士，敲开了曹操的房门。

"丞相，仲达这里有一计，恳请您考虑考虑。"司马懿自认胸有成竹。

曹操抬眼一看，愣了一下：是什么风把这家伙吹动了，他葫芦里究竟卖的什么药？

糟了，曹老板被狠狠打脸

曹操见司马懿主动上门要提工作建议，很是意外，言语中带了点戏谑：“呦嚯，真难得，仲达竟然有话要说。只是不知道仲达有何高见呢？”

司马懿娓娓道来：“那刘备耍了些小聪明，占了刘璋的益州，蜀地老百姓长久以来深受刘焉、刘璋父子厚待，心中对刘备这种忘恩负义、鸠占鹊巢的人十分仇视。刘备虽得益州之地，但根基未稳，民众难管，正是丞相您收拾他的大好时机！”

曹操眉头一挑，问道：“哦？那仲达有何妙计？”

司马懿故作沉吟，半晌才道：“丞相不妨在汉中举行一场军事演习，把咱们的实力亮出来，再做个样子，摆出要一举吞下益州的架势。见此，那些对刘备不满的人必然会有所行动，届时益州内部将会乱作一锅粥。等他们内耗得差不多了，咱们再如闪电般迅速出手，益州便唾手可得！”

说这话时，司马懿一直在偷偷观察曹操的脸色，想从老板的微表情里读出他对自己此番工作建议的态度。他却见曹操眉头紧锁，似乎并不买账。

司马懿赶紧接着说："圣人不违时，也不失时。丞相，机不可失，失不再来。"他这话一语双关，极有水平，既把曹操夸成了圣人，又并不锐利地催促曹操快下决心。

曹操听后，嘴角露出一丝微笑，似乎早已看穿了一切。他问道："仲达，你的话讲完了吗？"

司马懿此时不敢直视曹操的眼睛，便悄然借颔首礼掩饰心绪，低头应道："是的，丞相，属下话已讲完。"

曹操点了点头，再道："仲达，在讲道理这个层面，你的确妙语连珠。那我也送你一个人生道理吧——人之所以会痛苦，多是因为不知足！"

曹操语气骤然严肃起来，司马懿面无表情，后背却已微微沁出冷汗。

曹操继而高声道："既得陇右（指汉中），复欲得蜀？"

就这样，司马懿憋了十四年使出来的第一个大招，非但没有得到曹老板的赏识，反而被一番批判，他还在曹老板那里落得一个贪心不足、工作冒进的坏印象。二人还携手为后人贡献了一个沿用至今的成语——得陇望蜀。

在此，我们跳出曹操的视角，客观分析一下司马懿的这条建议是不是真的不可取呢？或者说，其含金量到底如何呢？

不知道有没有读者发现，这条建议看起来似曾相识。

是的，当初刘备精心谋划，取代陶谦占有徐州后，荀彧也向曹操提出过类似的建议，也就是被后人奉为"驱虎吞狼"的计谋。此计的精炼概括就是，荀彧巧妙运用信息差，成功地在袁术、刘备和吕布之间制造了对立矛盾。此计如同一把锋利的刀，硬生生割裂了中原各方势力的平衡格局。这场争斗犹如烈火烹油，愈演愈烈，最终使三方势力全都元气大伤。

而曹操却如同一位悠闲的渔翁，稳坐钓鱼台，未损一毫一厘便轻轻松松地将战场上的主动权揽入怀中。随后，他亲率大军，如猛虎下山，强势介入这场纷争。后来，吕布与袁术被曹操一举扫除，而刘备暂时也没有了与曹操抗衡的能力，只能继续颠沛流离。

这一系列辉煌的胜利，彻底奠定了曹操官渡之战的胜利基石。

“驱虎吞狼”这四个字，其中的精髓，便在于那个“驱”字。这一驱，犹如神来之笔，让袁、刘、吕三方势力如同被狂风卷起的落叶，身不由己地陷入了动荡的旋涡。这可不是一箭双雕，而是一箭三雕！

说到底，“驱虎吞狼”之策无非就是矛盾的巧妙运用。在强敌环视，危机四伏的时刻，布局者能够敏锐地捕捉到各方势力之间的矛盾，然后如同一位高明的棋手，巧妙地在矛盾的棋盘上落子，让自己既能超脱于纷争，又能在纷争之间游刃有余地穿梭，最终取得“兵不顿而利可全”的完美结果。

当时，荀彧拿出此策，曹操欣喜若狂。

我们再来看看司马懿献出此计时的历史背景。

当年，赤壁之战尘埃落定，荆州七郡由刘、曹、孙三家瓜分殆尽。其中，曹操占据了荆州北部最为广阔的南阳郡，孙权得手江夏郡与南郡，而刘备则占据了荆州南部的长沙、零陵、桂阳和武陵四郡。

随后，刘备以地域局限、发展受阻为由，向孙权提出了借取南郡的请求，意欲以此为跳板，向西吞并刘璋的益州。刘备向孙权做出郑重承诺，表示益州一得手，他便立即将南郡归还。这就是著名的“借荆州”事件。

结果我们知道，孙权大手一挥，不但把南郡借给了刘备，还将妹妹一并相送。刘备以此为根基，向西进发，成功抢占益州，蜀汉基业从此奠定。

孙权见状，急忙送上贺礼，并不忘提醒刘备：“恭贺妹夫喜提益州，我这就派人去接管南郡，并为妹夫设宴同庆。”

刘备：“大舅哥，我什么时候说过现在就把南郡给你？我怎么记得我当初说的是，等我占领益州再占凉州，然后才还你呢？你少安勿躁，这件事咱们过几年再议。祝大舅哥每天开心，时时快乐！”

刘备集团的逻辑一向是：咱凭本事借的，为什么要还？

历史再次证明，喜欢做老好人、不懂拒绝的人，往往会被坑。

孙权闻言，怒火中烧，心想：“老匹夫，你跟我耍流氓是吗？好，那咱们就看谁更狠。来吧，互相伤害吧！”当下也不多说废话，立即遣江东猛虎吕蒙率精锐之师，直扑刘备于荆州所得的长沙、零陵、桂阳三郡。

刘备见孙权要火拼，也不含糊，火速派关羽领兵疾驰益阳，与吕蒙隔江对峙，剑拔弩张。

孙权见关羽增兵东岸，怒火更盛，再遣鲁肃率军，前去助战吕蒙。刘备见状，生怕二弟吃亏，亦急调益州之兵，驰援关羽。

于是，双方隔江而立，兵器在手，怒目相视，只待一触即发，便要展开一场血雨腥风。

正当双方摆好架势准备全力搏杀之时，曹操率兵来犯张鲁。

孙权和刘备一听曹操又要来找事，立刻清醒过来：咱们最大的敌人还是曹操啊！怎么能自己人打自己人呢？现在，马上，停战，各自回家整理队形，准备对抗曹奸雄！

于是，双方坐到谈判桌前，重新探讨荆州地域的划分事宜。经过一番磋商，最终达成一致：刘备先前借取的南郡无须归还，而吕蒙新近夺取的长沙、桂阳两郡也不还了。

显然，迫于形势，刘备这次不得不做出一定的让步。

这便是司马懿向曹操提出“先坐山观斗虎，再南下攻刘”的历史背景。此时的刘备，内不受益州本土势力拥护，外与孙权起了矛盾冲突，可谓内忧外患，局势严峻。相比之下，曹操和平收编张鲁，不仅未损一兵一卒，反而实力大增。

与当年“驱虎吞狼”对照，本同末异的背景，大同小异的手段，都是针对以非常规的方法从别人手里窃城取地，导致内外矛盾激荡的刘备。司马懿此计，取势而为，布局得当。若此计得行，曹操再添战功也是极为可能的事情。然而，令司马懿始料未及的是，曹操待他的态度与当年对荀彧相比，简直是云泥之别。可想而知，司马懿内心该有多么憋屈。

曹操何以如此？或许，有两个原因吧。

第一，曹操对荀彧的第一印象非常好。荀彧来投，曹操欢呼：“这是我的子房啊！”但他对司马懿的第一印象差到了极点，连杀招都险些用出来了。在职场，领导对于下属的第一印象，很大程度上将直接决定这个下属将来是否会受到重用，这就是职场规则，这就是人性。连孔夫子都会犯下“以貌取人，失之子羽”的错误，何况曹操这种喜欢凭个人好恶做事的人呢。

第二，荀彧向曹操提议“驱虎吞狼”一计时，曹操正值一个男人历经淬炼、厚积薄发的黄金时期。司马懿建议曹操坐山观虎斗时，曹操已不复盛年，他在此之前又遭遇了赤壁惨败，昔日的凌云壮志已经所剩无几，心态变得越发保守。外加现在的刘备已经比当年不知道强了多少倍，所以曹操在益州问题上是倾向于稳扎稳打的。

至于这二位谁对谁错，我们说了不作数，司马懿说了不作数，曹操的定夺自然也不作数，最终还得看事态如何发展。时间会给出正确的答案。

司马懿接下来的举动，是很值得广大职场人学习的：就算领导对自己有偏见，也绝不抱怨。抱怨是低情商下属才做的事情。正确的做法应该是保持淡定，照常发挥，做自己该做的事情，干自己该干的活，用自己的才华一步步征服领导，直到领导看清我们的人品与能力。

曹操批评完司马懿之后，便命夏侯渊、张郃两员得力干将镇守汉中，自己则带着大军撤回北方。未承想，曹操前脚刚走，汉中的急报便如影而至："报！刘备得知我军主力撤离，已对汉中发动攻势。"

曹操的脸色阴晴不定，眼神不时掠过司马懿。司马懿却只是静静地站在那里，一语不发。他知道，当领导在工作中出现决策失误，而自己先前恰恰给出了正确的建议时，一定不能自鸣得意。此时此刻，做个呆头呆脑的"哑人"才是上策。给领导留足颜面，便是为自己留住前途。

此后，司马懿对汉中之事更是缄口不言，二人之间心照不宣。不久之后，司马懿献上职业生涯中的第二条妙计，而这一计，直接令刘备折损一员上将。

你难道是在质疑我明察秋毫的眼光吗

二一六年，在百官极力进谏的情况下，汉献帝册封曹操为魏王。从此，曹老板可以奏事不称臣、受诏不拜，出行仪仗队的规格与天子同级。

此时的曹操虽名为汉臣，实际上已经成为大汉话事人，只不过为了堵住悠悠众口，留汉室一条活路而已。

这阵子，曹操难得享受了一些悠闲时光。谁知，司马懿又有工作建议了。

司马懿对曹操说："魏王，经我多方探查、深入了解、全面分析，如今这天下，竟有二十余万百姓闲置于田畴之外，不事农耕。这等劳力闲置，既是莫大的资源浪费，亦是潜在的社会隐患。所以我建议，即便战事未止，也要让百姓边耕边守，两手一起抓，两手都要硬！"

经历汉中风波后，曹操对司马懿的态度不再像先前那般盛气凌人、刚愎自用。他在细细品味司马懿的话中之意后，最终点头采纳，下令将百姓中那些闲置的劳动力编入战时守备，没有仗打的时候则让他们回归田野，勤勉耕作。此举极大地充实了曹军的后勤粮仓，使得曹操的实力又跃上了一个台阶。

这一建议看似平淡无奇，不像荀彧、郭嘉、诸葛亮的战场奇谋那般波澜壮阔，但如果我们深入去看这个问题，就会发现，司马懿此时已非着眼于一城一池的战术较量，而是将视野投向了更为广阔的国家治理层面。

显而易见，此时的司马懿心境已经悄然发生蜕变，他不再满足于军事智囊的角色，而是向治国理政的行家里手，乃至未来的朝政掌舵人角色，迈出了坚实的一步。

书归正传，司马懿眼见曹操采纳了自己的工作建议，并且成效斐然，胆子也一点点大了起来。某日，司马懿又向曹操进言："魏王，依我之见，荆州刺史胡修与太守傅方二人无论是性情还是才能，皆难以胜任荆州重任。若不及时更替，恐日后会成大患。"

曹操闻言，顿时火冒三丈，气咻咻地反驳道："我倒要问问你，你凭什么断定他们二人的人品和水平不行？这二人都是我亲自挑选任命的，你难道是在质疑我选人用人的眼光吗？"

领导把话说到这个份上，如果非要据理力争，那就真的是情商不够了。司马懿被怼以后，面不改色，俯首帖耳聆听曹操的训斥，姿态特别谦逊。

然而，没过多久，曹操便再次遭遇了现实的狠狠一击。

二一九年，刘备亲率大军自益州北上，于定军山一战中，遣黄忠斩杀曹军名将夏侯渊。曹操得此噩耗，怒不可遏，亲自率领大军再次奔赴汉中，誓要与刘备决一死战。

这一次，刘备异常狡猾，直接缩在城中，与曹操玩起了消耗战。不久之后，皇叔又让黄忠、赵云二人带领一支特种小部队，抄后路劫了曹军的粮草。

粮草不济还谈什么远途征战？曹操不得已，只得带着部队骂骂咧咧地撤军而去。

将曹操逼退，刘备心中那叫一个痛快！当年便自封“汉中王”，明晃晃地向曹操示威——靓仔，你看好了，在汉中这一亩三分地，我才是真正的王者！

成了汉中王的刘备斗志昂扬、意气风发，为壮军威，一口气封了四位上将军，分别是前将军关羽，右将军张飞，左将军马超，以及后将军黄忠。为了显示对自家兄弟的看重，刘备准备给二弟举办一场隆重的授印仪式。他特地派了个叫费诗的官方代表。费诗揣着将军印信，从益州一路颠簸到荆州。可谁也没想到，关羽见状非但没有喜悦之情，反而当场就急眼了，跳起来骂：“黄忠是什么东西，也配和我齐名？大丈夫终不与老卒为伍！”于是坚决不肯受印。

费诗心知关羽是个顺毛驴，便婉言相劝：“关将军，汉中王之所以给黄忠那么高的官位，还不是因为他立了大功吗？但在汉中王心里，黄忠能和您比吗？您和汉中王是自家人，还计较这些干什么？”言下之意，关二爷你和汉中王是穿一条裤子的兄弟，是合伙的大老板，其他人都是给你们打工的小弟，你还有什么好纠结的？

关羽一听这话，心里的火顿时没了，也不再摆架子了，高高兴兴地接受了前将军印信。

其实，关羽看不上的人多了。当初马超来投靠刘备，他还特地写信去问诸葛亮：“听说新来的小马本事不小，是不是有三层楼那么高啊？”

诸葛亮一听就懂了，回信说：“马孟起文武双全，雄烈过人，跟汉初的英布、彭越可以相提并论，跟咱们张三将军也不相上下。但要说起来，还是比不上关将军您这位超凡脱俗的美髯公啊。”

诸位都知道，诸葛亮治国安邦的水平不错，没想到这拍马的功夫也是一绝。关羽看了回信，心中跟吃了蜜一样，还特意将信件拿出来展示给宾客们看，炫耀之情溢于言表。

通过这一连串的事件我们不难发现，关羽身上有个明晃晃的缺点，就是负地矜才，情商与才华还不匹配。这样的人在东汉末年的乱世里，结局往往都指向一处——不得善终。

到头来，关羽终究为自己的自负付出了惨重的代价——失去了生命。可悲的是，他至死都不知道，背后那双推波助澜、策划取他性命的大手，竟来自躲在阴影里的司马懿。

我请魏王清一下场子

自负与自卑，实则是一体之两面，共同根植于个体对自我价值的动摇及对外界评价的过度在意上。自卑感，人人内心皆有所藏，却无人能长期承受其重。它使人自觉不完美，有所缺失。于是，如何填补这些“缺失”便成了亟待解决的问题。

理想的应对，是通过不懈努力与成长来弥补不足，如勤奋刻苦、奋力拼搏等等。然而，缺乏这种勇气的人，在面对深重的自卑感时，或许会转而将自负作为遮掩不快感受的屏障。此时，自负成了一种心理防御机制：自卑之人通过夸大自身的成就、能力或其他优点，甚至不惜贬低、压制他人，力图向外界及自我展示一个更为强大、成功的形象。这种模式实质上是一种逃避策略：通过自负，个体得以暂时回避自身的不足与恐惧，从而在短期内获得虚幻的安全感、提升自尊感。

在蜀汉乃至三国名将中，关羽的出身不说最差，也属于非常差了。这大概便是他自卑的根源。如果关羽真的傲睨当世，又哪会介意黄忠如何风光？真正自信的人，见到层次不如自己的人大放异彩，或会送上祝福，或会不以为意。总之，不会刻意针对，欲盖弥彰。

黄忠在定军山大杀四方，使关羽产生了极强的危机感，他誓要有所作为，将被黄忠抢去的风头再抢回来，让天下人都看看，在蜀汉，谁才是真正的第一战将。于是，具体已无法考证是刘备授意还是关羽自作主张，只知关羽留下南郡太守糜芳看守江陵，将军傅士仁看管公安，自己则一马当先，领着荆州主力部队浩浩荡荡地打曹操的樊城去了。

关羽为什么挑樊城下手呢？这里面大有文章。要知道，樊城身后就是曹操的总部许昌。关羽心中的算盘打得啪啪响：你黄忠不是帮我大哥占了汉中吗？那我就直捣黄龙，一个人挑翻曹操的老巢！这份功劳，天下哪个人比得了？我关某人若能一举匡扶汉室，必然青史流芳，以后我看谁敢跟我儿子比出身！

曹操给予了关羽足够的尊重，亲点于禁领军，率七支精锐部队火速驰援樊城。这还不放心，他又把猛将庞德给派了过去。

这一次出征，庞德可是带着棺材去的，大有“风萧萧兮易水寒，壮士一去不复还”的架势——“魏王，他关羽是人，我庞德也是人！他关羽使刀，我庞德也使刀！魏王何不问问那关羽惧我否！”

关羽本想一鼓作气拿下樊城，哪知庞德横刀立马勇冠三军，还抬手给关羽的肩膀送了一箭。显然，在于禁、庞德援军的加持下，樊城并不是一块好啃的骨头。关羽也不是只知斗狠的人，于是果断令部队就地驻扎，什么也不干，就天天盯着对面的曹军大营看。

他究竟想干什么呢？答案是——等雨！

转眼八月来临，某天突然天降暴雨，“哗啦啦”连下十几天，樊城边上的汉江水猛然暴涨。关羽杀伐果断，当即命人把堤坝掘开，放江水直冲于禁、庞德大军。

曹军猝不及防，淹死、战死无数。此一战，关羽擒于禁、斩庞德，威震华夏。

前文说过，司马懿曾提醒曹操，胡修、傅方这二人靠不住，当时曹操大发雷霆，置若罔闻。结果是司马懿判断准确：关羽大军杀来，胡修、傅方二人立马举起白旗，直接转投关羽麾下。曹操脸上火辣辣地疼，但作为团队最高领导，面子肯定是要维护的，于是他选择性失忆，对此事绝口不提。司马懿自然是聪明人，知道要给领导留面子，绝不会因为自己建议正确就去猛戳领导的痛点。就这样，两人继续心照不宣。

与此二人的淡定不同，许昌的官员们开始忐忑不安，大家上表曹操，要求召开紧急工作会议，商讨应对之策。

曹操沉吟片刻，试探着问道："关羽锋芒正盛，锐不可当；我军损伤严重，士气低落，恐怕不是关羽的对手。留得青山在，不怕没柴烧。要不然，咱们迁都吧？"

众人闻言，纷纷附和："魏王英明！我等赞同！"

一个声音却突兀地响起："魏王，我有一计，可不迁都，还可退敌。"

会场顿时陷入一片寂静，所有人的目光都随着声音聚焦到了发言者身上。曹操并未抬头，但仅凭那熟悉的声音，他便知道这人是司马懿。

此刻，曹操的心情很复杂。一方面，司马懿再次提出了与自己相左的意见，而这次更是关系甚大；另一方面，司马懿向来深谋远虑，出言建策万无一失，此时他提出退敌之法，听还是不听？

最终，曹操在利益与面子之间，选择了利益。

很多人非常在乎自己的面子，他们活着的意义甚至就是获得别人的认可。还有一些人，甚至为了维护自己的面子，不辨对错，不择手段。隋炀帝杨广、汉武帝刘彻，都属于后者。

然而，在实际利益面前，那些虚浮的追求苍白而且无力。实际利益才是质朴、真实的存在。无论面子多么高贵，一旦实际利益赫然显现，它便瞬间失去光芒，变得微不足道。面子终究只是虚无缥缈的精神寄托，无法带来任何实质性的福祉与收获。实际利益才能真切地改变生活的轨迹。曹操显然是知道这一点的。

一段短暂的沉默过后，曹操沉声道："仲达，这可不是儿戏。危局当前，生死攸关，一着不慎，全员横尸。你考虑好了吗？"

司马懿并不踌躇，看了一眼在场的众人，从容说道："正因兹事体大，所以魏王，我想请您清一下场子。有些话，此时只能单独对您说。"

曹操嘴角勾起一抹暗笑，随即大手一挥，众人纷纷退场。司马懿，又要出手了。

第四章

或跃在渊，只待惊蛰春雷响

要想有朝一日散发自身的威势，首要之务便是沉积力量，让激昂的精神在众人眼皮子底下悄然蕴藏。这份威势的积蓄，如同静水深流，一旦积蓄成势，冲破之日便会摧枯拉朽、势不可挡。世人只道司马懿年轻时善于伏藏，却忽略了当年的他已然剑戟森森。

诛关羽，某有一计

世间无永恒之友，亦无永恒之敌，唯有利益永恒。于利益面前，友与敌皆可相互转化。友或为利益而背弃，敌抑或为了更大的利益而同盟。友与敌，是矛盾的两面，对立且统一，其相互转化的关键，便在于“利益”二字。

众人散去后，司马懿便直切核心议题：“于禁兵败，非其战术之过，对国家的整体战略格局也没有造成颠覆性影响。若因此迁都，只会让百姓们觉得朝廷心无定见，进而动摇政局。所以迁都这件事，我持反对意见。”

曹操边听边点头：“迁都之弊，你所言极是。那么仲达，你有什么能解决关羽的办法吗？”

司马懿从容答道：“孙刘两家从表面上看同心戮力，实则貌合神离。就在不久前，为了重新划地盘，关羽与吕蒙差点大打出手。如今关羽风头正劲，然而最不开心的并不是我们，而一定是孙权。所以魏王何不修书一封，挑明利害关系，明确告知孙权，倘若让刘备再进一步，我们两家都是受害者。同时向孙权承诺，只要他愿意从后方直插关羽心脏，关羽属地尽可归他东吴。如此一来，樊城困境迎刃而解。”

曹操闻言，心中不禁一动：司马懿啊司马懿，你这是要借刀杀人啊！

思至此处，曹操猛地一拍桌子：“好，仲达，你果然人狠话不多，就按你说的办！他刘备能联吴抗曹，我为何不能结吴坑刘？此事若成，给你记大功一件！”

想当年，诸葛亮高调出世，不遗余力策划孙刘联盟，惊掉天下英雄下巴，着实高明。现如今，司马懿轻描淡写，一封书信便有可能彻底摧毁诸葛亮精心设计的战略布局，还能顺势解脱樊城之困，真是有熊韬豹略。若是孙权真按照司马懿的剧本演下去，那么最郁闷的不一定是刘备或关羽，反倒可能是远在成都的诸葛亮。

这场博弈，表面上看似是曹、孙、刘三家的交锋，实则是司马懿躲在暗处智博诸葛亮。

那么，问题的关键来了：孙权会轻而易举地入局吗？

孙权心思细腻且深邃，也是满腹筹谋。一接到曹操的来信，他便开始盘算：若真去偷袭关羽，两家联盟便彻底分裂，再无回旋余地，此事必须慎重考虑。

这时的孙权对关羽仍抱有一丝幻想，决定先试探一番，便遣使者向关羽提亲，意图通过联姻加深两家关系——“这件事关羽若是答应，我便顺水推舟，与关羽共同伐曹；若他关羽不识好歹，拒绝于我，那就别怪我心狠手辣了！”

提亲使者踏入关羽军帐，将孙权的联姻之意表述得清清楚楚。关羽听后没有一丝喜色，反而破口大骂：“如今见你二爷我展现出真正的实力，即将平推曹操、匡扶汉室，便跑来巴结，早干什么去了？不久前，你家主子不是还让吕蒙明晃晃地与二爷我叫板吗？怎么现在怕了？回去告诉孙权，巴结晚了！现在华夏谁敢挡我锋锐？孙权那狗儿子已经配不上我闺女了！”说这话时，关羽俨然已经将自己当成了大汉的救世主。

论本事，关羽绝对没话说，一幕水淹七军足以让他称得上当世第一战将。但他悲剧式的性格硬生生拉低了自己的人生上限。可以说，情商不足是这位猛将的软肋。现实生活中此类人并不鲜见，其遭遇着实令人唏嘘。

孙权得知关羽出言不逊，并没有勃然暴怒，只是遣人迅速召来吕蒙，冷冽地说道：“关羽的命，交给你了！”

吕蒙与孙权密谋，先夺南郡，再擒关羽。为麻痹关羽，吕蒙假称病重，离开吴都，行至芜湖地区，恰逢陆逊来访。

陆逊见到吕蒙，试探性说道：“关羽此人自恃英勇，目中无人，如今连打胜仗，更是骄横无比。若闻都督病重，必然不会设防。都督见到主公时，宜细谋之。”吕蒙笑而不答，只道：“关羽勇猛，且据荆州重地，惹不起啊！”

吕蒙返回吴都，孙权询问：“都督这一托病，何人可代你驻守陆口？”

吕蒙毫不犹疑，脱口而出：“陆伯言！此子少年老成，胸有沟壑，多谋善断，可担大任！且他名声未显，关羽必然不会把他放在眼里！”

孙权闻言，即封陆逊为偏将军右部督，代吕蒙之职。

陆逊来到陆口，立刻修书，遣使送于关羽。书中言辞谦卑，极尽赞美之词，大颂关羽功德，并表示自己对关羽的敬仰之情犹如滔滔江水延绵不绝，自己绝不敢有半分敌对之意。

关羽览书，心生轻视，以为陆逊不过一介书生，是孙权无人可用临时派来凑数的，无须多虑。遂将后防的兵马调至前线，倾全力攻伐曹操。此时的关羽还不知道，自己的后方已经危机四伏，山雨欲来风满楼了。

对一切浑然不知的关羽一方面的确没有把东吴放在眼里，另一方面也确实急需粮饷补给，于是他二话不说，就抢了东吴位于湘关的粮食储备。孙权迅速作出反应，吴刘大战就此拉开序幕。

吕蒙率军抵达浔阳地区，将所有精锐士卒隐伏于船舱之内，船上的摇橹者、扬帆者一律换上普通衣物。船沿着长江悄然向江陵进发。这一路上，关羽的岗哨竟然未察觉出任何异样，结果所有岗哨被吴军一网打尽。

陆逊见时机已至，立即上报孙权。孙权随即命令吕蒙与陆逊为前部，分道并进，共取荆州。吕蒙率军直捣公安、江陵；陆逊势如破竹，连克荆州公安、南郡两地。宜都太守樊友闻风而逃，其他据点的长吏和蛮夷酋长也纷纷望风投降。陆逊一鼓作气，又下秭归、枝江、夷道三地，守住峡口，切断了关羽退向益州的后路。

关羽闻讯，急忙从樊城撤军，才知道公安、江陵已被糜芳、傅士仁献给了吴军。此时的关羽，腹背受敌，进退两难；军士疲惫不堪，军心也开始动摇。无奈之下，他只得领兵退守麦城。

关羽挥师北伐，把江陵与公安两地的防务分别委以糜芳与傅士仁。按常理，这二位手握重兵，理应能够抵挡吕蒙、陆逊一时片刻的进攻，等待关羽回军救援。但出人意料的是，当东吴大军袭来，此二人根本没有作出任何抵抗的动作，直接就开城投降了。

为什么会出现这种情况？要知道，那糜芳可是刘备的妻舅，他怎么会调转枪口打自己人呢？这件事说起来，还要怪关羽。

关羽北伐期间，对粮草的需求极大，因此不断催促糜芳与傅士仁提供军需物资。二人竭尽全力，但资源有限，一时无法满足关二爷的要求，因此屡屡受到关羽责骂。上下级的矛盾此时已经初现端倪。

作为领导者，在与下属出现重大矛盾时，处理方式无非两种：若此下属并非不可或缺，可果断将其撤换；若此下属不可或缺，或是有重任在身，领导者则务必暂时隐忍不满，甚至哄着、敬着也要确保其继续尽心尽力完成工作。

此时关羽领兵在外，糜芳与傅士仁是他的后方屏障。但关二爷非但没有拿出领导者的气度，理解他们的苦衷且好言安抚，反而直接下了断头令："我北伐归来之日，便是你二人身首异处之时！"

诸位请换位思考，若身处糜芳、傅士仁的尴尬境地，又接到孙权抛来的橄榄枝——"来我这边，待遇不变，全城老少、全家老小都可以保全"，你会怎么选?

关羽骄纵失荆州，刘备鞭长莫及，无法解救。关羽说："咱必须自救，作为成年人，不能再让大哥操心了"，于是在麦城这个地方，他果断向吕蒙竖起了白旗。当然，我们知道，这是诈降。

此时此刻，关二爷的傲气已然随着战局的颓势而烟消云散，他甚至有可能在心底暗想，如果现在向孙权提出联姻，能不能留住大哥让自己看守的江山……

诈降不久，关羽终于找到机会，趁吕蒙"麻痹大意"，带着儿子关平强行突破重围。结果突破到一半，被吕蒙早已设下的伏兵打了伏击。一代传奇最终死在了无名小卒手里，结局令人不胜唏嘘。

而在遥远的曹魏，司马懿却闲庭信步，持扇轻摇，欣赏着自己的佳作。

走马上任“治丧办”

伏杀关羽后，孙权继续发挥他一贯的狡黠手段，迅速派人将关羽首级快马送往曹操处。这明显是想告诉刘备：杀你二弟是曹奸雄的主意，我只是在曹奸雄的威逼胁迫且在你二弟咄咄逼人的情况下，被迫打响了自卫反击战。这是典型的祸水东引。

曹操心中冷笑不止，当即下令将关羽头颅以诸侯之礼厚葬，表达了对这位忠义战将的极高敬意。孙权没想到曹操竟然玩这一手，这不是把罪恶的皮球又踢回来了吗？于是他当下毫不迟疑，为关羽的无头遗体举办了同等级别的葬礼，致以极高敬意——刘备你看看，我对你二弟也是极其敬仰的，这件事真的不能全怪我啊！

当然，刘备不会理他们这一套。

却说曹操听取司马懿建议，借“刀”斩杀关羽后不久，在某个夜晚，他老人家梦到一番景象——有三匹高头大马竟在同一食槽中进食。显然，这个景象并不奇异，奇异的是，曹老板梦到此景不止一次！

惊醒之后，曹操疑虑愈深，侧头问向身旁侍立之人：“当年孤曾梦见三马同槽，那时疑心是马腾父子会为我曹家带来灾祸。如今马腾已死，马超在刘备帐下不受重用，不足为患，我又梦到此景，究竟是什么缘故呢？”

侍者略一思索，随即机巧应答道：“此乃禄马吉兆，预示着魏王您即将受天赐恩禄啊！”

曹操苦笑着摇了摇头，不置可否。猛然间，他心头一震，想起了一个人——司马懿那家伙，不也是一匹马吗？难道说……

二二〇年正月，曹操自感大限将至，急忙召集亲信大臣前来，留下了他一生中的最后一次演讲：“孤纵横天下三十余年，群雄皆灭，唯江东孙权、西蜀刘备尚未平定。如今孤病危在即，不能再与诸卿共叙，特此将家事相托。吾长子曹昂，出自刘氏，不幸早年殁于宛城。而今，卞氏为孤诞下四子。吾平生钟爱三子曹植，然其为人虚华少诚，且嗜酒放纵，难担大任。次子曹彰虽勇猛过人，但缺乏智谋。四子曹熊体弱多病，难以保全。唯有长子曹丕，笃厚恭谨，文武双全，可继承我家大业。望诸卿倾心辅佐。”

言毕，曹操屏退众人，只单独留下曹丕，神色凝重地说了一句：“司马懿此人，绝非善类，他日必会插手你的家事，你需小心提防。”

这句话说完不久，曹操就走了，留给众人的则是一份“治丧委员会”名单。

在这份名单中，治丧委员会总负责人这个身份的分量，显然非同小可。换句话说，曹操愿将自己的身后事托付给谁，对那人而言，既是魏王给予的无上荣耀，也是魏王表达的极致信任。

那么，这位被曹操选中，执掌治丧大事的幸运者究竟是谁呢？正是司马懿。

讲到这里，或许有人豁然开朗：曹操一辈子都在对司马懿既用又防，人之将死醍醐灌顶，认识到自己死后，唯有司马懿才是曹氏集团继续做大做强的保障。故而临死之前尽释前嫌，放下了对司马懿的戒备。

非也。曹操此举，绝非出于信任，而是将戒备又加深了一分。换而言之，曹操是为了稳住司马懿，避免司马懿因为遭受长久的排斥与猜忌，在自己死后立刻生出不臣之心。

曹操临终这一手，也称得上布局深远：他一只手将治丧重任交予司马懿，表示恩宠；另一只手则私下给曹丕打预防针，叮嘱其对司马懿需谨慎使用。有此一举，曹丕注定要像其父亲那样，对司马懿采取保守使用策略。

回顾曹操与司马懿这一生的博弈，司马懿既是曹操的心头好，又是曹操的心头患——“此人非同小可，智谋过人，情商超群。吾儿曹丕若要光大家业，离不开他的辅佐。然而，连我都不能完全掌控此人，吾儿处境堪忧啊！”

可以说，曹操翻云覆雨拿捏了别人一辈子，到最后，仍是带着对司马懿的无可奈何走的。

曹丕继承魏王位后，司马懿抱着试试看的态度，以师友的身份献上首条工作建议。或许司马懿早已有所预料，又或许出乎其意料，一向敬他为师的曹丕竟然完全不给他面子，果决地驳回了他的建议。

这一刻，司马懿才算真正看清了曹丕：原来你小子的城府和疑心病，与你死去的爸爸相比，不遑多让！

自此，师生之间的情谊皆成为表面文章，君臣之间的博弈才是二人相处的实质。

接下来，我们就去看看那个让司马懿十分尴尬的师徒首次过招吧。

一上位就迎来一个大尴尬

曹操去世后，曹丕承袭魏王封号，正式成为曹魏的新一代领袖。然而，宝座尚未坐稳，他便接到前线的紧急情报：孙权正大规模集结军队，疑似有意西进，目标直指樊城与襄阳。

此时的樊城与襄阳，在遭受关羽的重创之后，元气尚未恢复，城内粮草储备告急。若孙权真的发起攻击，以曹魏目前的状态而言，恐怕难以扼守。朝中重臣纷纷进言："魏王，与其血战到失守，动骨伤筋，不如弃车保帅，直接放弃这两城。当然，即使我们不能据有，也绝不能便宜孙权那孙子。我军撤退时，要将城中可毁之物悉数摧毁，可燃之物一概焚烧！"

此时，司马懿携其少数支持者站了出来，反对道："魏王，我试着分析了一下，您看思路对不对。孙权刚刚暗算关羽得手，与刘备的关系已经降至冰点，刘备恨不得将其生吞活剥。以孙权目前的处境来看，他急需寻求外援，而非树立新敌。因此，我坚信他不会贸然挑起两国战事。我们不要自己吓自己。樊城、襄阳两城绝对不可以焚烧，更不可以放弃。"

朝堂上,众臣鸦雀无声,大家都知道司马懿与曹丕关系非比寻常,因此当司马懿站出来表达异议后，众人普遍认为曹丕会大力支持司马懿的战略主张。

出乎意料的是，曹丕只是轻瞥司马懿一眼，随后便正色下令："速去告知曹仁将军，立即焚烧襄阳，然后火速率军撤离。孤王自有妙计！"

此令一出，众臣齐刷刷地看向司马懿，眼神非常诧异，场面极其尴尬。

然而，司马懿毕竟是司马懿，跟随曹老板这么多年，早已练就了足够强大的心理承受能力。只见他迅速调整情绪，然后躬身退下，就好像什么事情都没有发生过一样，继续毕恭毕敬地站在那里聆听曹丕的决策。

或许在那一刻，司马懿已经意识到，曹操临终之际一定对曹丕说过一些不为人知的话，而这些话一定与自己有关，并且都是负面信息。显然，曹丕今日不同于往日的举动，是受到了他父亲的影响。

曹丕的突然转变,让司马懿迅速厘清了思路,找到了自己的位置。他明白，曹丕对自己的态度仍然是既用又防。而自己需要做的，就是像对待他老子曹操那样，以负责的工作态度以及出色的能力，赢得领导的认可。哪怕领导对自己颇为忌惮，也要以不可替代的价值，迫使领导舍不得下手，而且还不得不倚重自己。

话分两头，说曹仁依令焚烧襄阳城，撤出大军，留下一座空城作为诱饵，静待孙权入网。然而，左等右等，却迟迟没有等到孙权要攻打襄阳城的迹象。这时，曹丕不得不承认，自己真的是想多了，司马懿的主张的确是正确的。

此时此刻，曹丕终于体会到了父亲当年内心的挣扎与纠结：你可以对司马懿心存疑虑，但绝不能忽视他卓越的能力。如果你试图否定他、排挤他，时间一定会狠狠地赏你一记耳光，让你认识到他的独特，以及那份独特的不可或缺。

曹丕此刻骤然惊醒，先前对司马懿翻脸无情实在草率，非但未能震慑住他，反而被他窥见了自己的心思，还被他看了笑话，太大意了！

当然，此事也不会在君臣二人之间掀起多大风浪，大家都是聪明人，心照不宣。

接下来，曹丕要做一件比提防司马懿更重要的事情——完成父亲未竟的事业——篡汉。

曹丕篡汉的戏码，可谓把这位年轻领导的阴险狡诈展现得淋漓尽致。

事实上，刚刚接过父亲的权杖，曹丕便已经开始大胆布局，将自己的心腹逐一拉进大汉权力中枢。如升贾诩为太尉、晋华歆为国相，连王朗都成了御史大夫。曹丕此番操作，目的只有一个——完成高度集权，确保汉室政权向自己手中平稳过渡。

基于此，在曹氏父子看来可信度不那么高的司马懿，就只好被有意无意地边缘化了。

眼见大局已定，时机成熟，曹丕的拥趸们开始向汉献帝进谏：陛下，苍生需要魏王！

禅让，听起来美好而且崇高，但背后可能藏着鲜为人知的阴暗与龌龊。

有人曾问荀子："尧舜禅让的事情真实发生过吗？"荀子笑了：

“你认为会有这样的事情吗？那可是天子之位，有谁会心甘情愿地把它让给外人？”

无独有偶，韩非子也认为：“舜逼尧，禹逼舜，汤放桀，武王伐纣，此四王者，人臣弑其君者也，而天下誉之。”

汉献帝此时此刻不得不面对这个问题：禅让，我愿意吗？而且，我敢不愿意吗？

事实上，如果曹丕想要直接抢，或者安排一个斩首行动，也不是做不到，甚至可以说手到擒来。但那样做，吃相未免太难看了，有辱他父亲“为国为君鞠躬尽瘁”的一世英名。好演员嘛，做戏一定要做足。

倒是汉献帝十分识相，主动昭告天下：“寡人能力十分有限，据此君位只会拖累天下苍生。能力挽狂澜者，非魏王莫属。鉴于此，寡人决定请魏王担任新一任集团领导人。”

曹丕立刻站出来反对：“陛下，万万不可，您这不是让天下人骂我和我父亲吗？这件事我不能答应，您就算杀了我，我也不能答应！”

随即，汉献帝就迫不及待地颁布了一份新版的禅让书，强烈表达了自己想要让贤的崇高愿望。

曹丕再次站出来，公开表示强烈反对。

汉献帝第三次禅让，曹丕第三次强烈反对。

到了第四次，禅让书的措辞已经十分严肃了，大意是说：魏王，你登临君位，是寡人的旨意，也是上天的安排，请你不要公然抗旨，违逆天意；否则，你就是在辜负上天，辜负苍生，辜负寡人，后果你承担不起！

曹丕含着泪接过圣旨，哽咽表示：为了国家的命运、民族的命运、黎民百姓的命运，为了实现汉献帝的伟大心愿，我只能逼着自己当这个根本不想当的皇帝了！

至此，一幕自导自演的篡汉闹剧落下帷幕。

我，司马懿，视权力如粪土

襄阳局势误判以后，曹丕对司马懿有了全新的认识：遍观孤王手下这群官员，捏在一起也未必能够发挥出大于司马懿的效力，关键时刻，孤王或许还要倚重他。所以荣登大宝以后，曹丕便果断擢升司马懿为尚书，不久转督军、御史中丞，封安国乡侯。雌伏了半辈子的司马懿，终于勉强挤进了高官的行列。

曹丕称帝后，刘备也在成都称帝，并且遥祭当时还活着的汉献帝，声泪俱下，场面十分感人。

二二一年农历七月，刘备借关羽之死，挥兵攻打东吴孙权，气势强劲。结果我们都知道，此处不再赘述。

东吴方面，孙权一面命陆逊积极筹备战事，一面又向曹丕称臣。此时，侍中刘晔向曹丕进言，建议魏国趁机联合蜀国一同发兵消灭东吴。曹丕并未采纳此计，坚持赐孙权吴王位，并加九锡。刘晔对此深感忧虑，提醒道："陛下若真想孙权俯首称臣，可授其大将军，或封为侯爵，但万万不可封王。当前孙权并无任何法统依据，一旦封王，即等同于承认其政治地位，日后他若反叛，便有了合法的借口。”曹丕沉思片刻，依然坚持封其为吴王。

孙权得知此消息后，欣喜异常。刘备听闻后，则怒不可遏，破口大骂：“曹阿瞒一世英名，怎会生出如此糊涂的儿子！”实际上，曹丕并不愚钝，他当然知道孙权并非真心称臣，只是想借此稳住曹魏，避免遭受双向攻击。所以曹魏使节抵达东吴时，便明确表态，魏国可以不对东吴用兵，但条件是孙权必须将其子孙登送往洛阳做人质。孙权二话不说就答应了，可是却一直以各种理由拖延，直到夷陵之战结束，也没有将儿子送到魏国。显而易见，曹丕这是被孙权给忽悠了。

二二二年农历九月，魏吴关系因为“质子之争”走向恶化。曹丕命征东大将军曹休、前将军张辽、镇东将军臧霸出洞口；大将军曹仁出濡须；上军大将军曹真、征南大将军夏侯尚、左将军张郃、右将军徐晃围南郡。兵分三路，大举伐吴。

结果，三路皆负。

二二四年，怒火中烧的曹丕决定亲率水军攻打东吴。

那么问题来了，皇帝领兵出征，谁来镇守后方、保障国都以及皇帝亲眷们的安全呢？

这个重任意外地落到了司马懿头上。

临行之际，曹丕一纸诏书，将司马懿封为向乡侯，接着又转任其为抚军大将军，赐以假节，更兼加封给事中、录尚书事等要职，还赋予他五千兵马的调度权。这一连串的操作，气度非寻常人可比。

站在曹丕的角度看，像司马懿这种能力超群又不好掌控的员工，如果总是严加防范、敲敲打打，不时给他制造一点麻烦，那么很有可能会把他逼向禽困覆车的极端。这绝不是任何一个领导想看到的。

关键时刻，曹丕决定释放“诚意”，用柔化策略来拉拢、感化司马懿。

既然要主动示好，那就彻底一点，直接把大本营交给他：“老师，以前是我做事有失分寸，但绝不是针对您。我对您的信任日月可鉴，天地可表。您看，我都把家交给您了！”

一般来说，寻常人获得领导如此大的恩宠，肯定喜不自胜，感恩之情溢于言表，说不好还要当场来一个就职宣誓。但司马懿摇了摇头，淡定地表示：“陛下，臣能力有限，还是请能者居之吧。”

那么问题来了，司马懿为什么要拒绝呢？

拒绝不是目的，而是一种策略，一种手段。司马懿这么做，是为了向曹丕强调自己的态度：“我司马懿是个清心寡欲的人，对权力、对赏赐并没有什么渴望。我对自己的定位很清晰，再也不会‘得陇望蜀’了。”

显然，司马懿心里如明镜一般，他知道曹丕对自己不信任。那怎么办呢？在不信任自己的领导手底下工作，有什么办法可以在保住自己的同时，又能逐步精进呢？

条条大路通罗马，当前进受阻的时候，何不以退为进？司马懿就是要让曹丕看到，自己是个安于现状的人——我是有能力，但对你没有威胁。这一点，非常值得职场人士借鉴。

和司马懿预想得差不多，见他推辞，曹丕心中有了些许安然，接着便给了司马懿一个无法拒绝的理由：“仲达，你多虑了，我没有别的意思。朕日夜操劳，疲惫不堪，只是想让你帮我分担一下忧虑。难道你不愿意为我分担吗？”

话说到这个地步，再推辞下去就显得太刻意了，司马懿只好表示自己非常愿意为陛下排忧解难。君臣二人一唱一和，戏份够足，也够精彩。

同年九月，曹丕的船队驶入长江，却逢洪水突至，江面骤涨，波涛汹涌，浪花滔天。原本在寻常河流中如履平地的曹军船队，此刻竟无法横渡长江，就连曹丕所乘的庞大龙舟也险些在狂风巨浪中倾覆，他本人差点命丧鱼腹。再加上远望对岸，似乎吴军已经整装待发，严阵以待（实则只是吴国布置的草人），曹丕不禁叹息道：“魏虽有武骑千群，却无用武之地，此刻不宜图谋！”于是，只得黯然撤退，铩羽而归。

在此期间，司马懿恪守本分地将许昌打理得井井有条。

二二五年，曹丕整顿军力，准备再度南下对付孙权。

这一次，他直接把司马懿召了过来，说道：“仲达，许昌的安危，还是要拜托你来负责。同时，朕希望你能镇后方、抚百姓、给饷馈、不绝粮道，做好朕的坚强后盾。”

司马懿好像受宠若惊：“陛下把这么大的责任交付给臣，臣断然不敢辱命！一定会为陛下建立不世军功做好后勤保障！”

谈到军功，曹丕忽然话题一转：“要说军功，想当年，曹参的军功与萧何相比，谁更大？可是在封官赐爵之时，萧何的地位却在曹参之上。这又是为何？只因在汉高祖心中，萧何才是不可或缺之人。”说着，曹丕轻轻拍了拍司马懿的臂膀，目光深邃。

司马懿心中一怔，没想到曹丕会给自己这么高的评价，当即再度起誓，定然不会辜负皇上厚望。

这不是命，又是什么

有人说："除非你停止尝试，否则就永远不会是失败者。"曹丕也是这样认为的。

吸取了长江涨秋水导致大军无法渡江的教训后，这一次，曹丕决定和大自然打个时间差。二二五年农历十月，曹丕携水军十万、战舰数千，浩荡南下。

可是，这一年的洪水没有来，寒潮却提前来了。曹丕大军抵达离长江不远的山阳湖时，突然遭遇断崖式降温，水面封冻，船只无法继续前行。

曹丕登高远望，凝视着长江南岸的东吴军队，只见他们旌旗猎猎、军容威严，沿江布阵、绵延百里，不禁叹息道："唉，这莫非是上天划定的南北界线吗！"随即下令退兵。

曹丕人生中第三次，也是最后一次伐吴之战，竟草草收场。史书上为了顾及曹丕的颜面，仅用了"临江观兵"四字来概括。难道说，曹丕前后耗费七个多月的时间，调动十万大军，长途跋涉千里，耗费无数钱粮，仅仅是为了来此一睹孙权的军容吗？

当然不只如此，事实上，曹丕还砍了一位随军下属的脑袋——鲍勋因为极力劝阻曹丕伐吴而丢了性命。

东吴将领孙韶见曹丕退兵，便派遣五百敢死队抄小路夜袭曹丕，成功俘获了其副车和羽盖。

事实上，劝君慎伐吴这件事，很多人都做了。

刘晔："刘备已败，大势已去，少安勿躁。"

鲍勋："吓又吓不住，打又打不过，陛下一意孤行，劳民伤财，只会让人看笑话！"

司马懿："时机已去，不可轻易用兵。"

贾诩："东吴新胜，士气正盛，你不是陆逊的对手，去了也白搭！"

结果，刘晔坐上冷板凳，鲍勋被找借口诛杀，司马懿继续升职，贾诩配享太庙。现实告诉我们，当你与别人的关系并不是太好时，锐利的劝告还是少言为妙。

时间很快便到了二二六年农历五月，出乎众人以及曹丕自己的意料，年仅四十岁，本该年富力强的他竟然一病不起，身体每况愈下。

躺在床榻之上的曹丕，满心都是对天命的不服与对老天的怨言。他与孙权年龄相差无几，从小便才华横溢、文武兼备，论及权谋之术，自认也不差。如今正值壮年，应是龙腾虎跃、征战四方的黄金时期，好不容易从父亲手中接过了权力棒，正准备大展拳脚，谁曾想身体却突然垮了下来。

这难道是命运的安排吗？

而此时，曹丕的儿子曹叡，还只是个二十三岁的青年。要他与孙权、诸葛亮这两位在曹操时代就已经叱咤风云的人物交锋，曹丕又怎么放心得下。

病榻上，曹丕慎重地指定了四位托孤大臣：中军大将军曹真、镇军大将军陈群、征东大将军曹休，还有抚军大将军司马懿。这四人中，前三位拥有军事指挥权，属于实权派，唯独司马懿官衔一大串，实权却少得可怜。

显然，曹丕对于司马懿，虽然愿意给予一定的信任，但在使用上，依然有所保留。

交代完后事不久，曹丕便极不甘心地与世长辞。魏明帝曹叡正式登上了历史舞台。

曹丕的突然离世，不仅让魏国内部的高层感到震惊，就连远在他方的诸葛亮和孙权也感到意外。这两位倒是心有灵犀，不约而同想到了趁曹叡政权未稳，来讨魏国的便宜。

年轻的曹叡，能否接住诸葛亮和孙权这两位政坛老手发过来的大招呢？

曹叡，曹家权谋集大成者

说到曹叡，就不得不提一下他的母亲甄氏。

甄氏，名不详，相传为甄宓，我们便以甄宓称之吧。

甄宓原本是袁绍的二儿媳妇。《世说新语》上说，曹操打下邺城的第一件事就是找甄宓。谁知曹丕抢先了一步。曹操只好改口说："老子这次兴师动众，就是为了帮你小子抢媳妇！"

甄宓虽然是二婚，但曹丕毫不在乎，两个人恩爱异常，很快便孕育了一对儿女。这一时期，甄宓简直集万千宠爱于一身，但她从不与其他侍妾争风吃醋，反而多次劝说曹丕，为了子嗣绵延，要多纳妾。

不过，彼时的曹叡并没有享受到爱屋及乌的待遇，曹丕对这个儿子感情淡漠得很，反倒是曹操对嫡孙疼爱有加，多次在公开场合指定他为曹氏未来掌门人，并且表示：将来光大我们曹家的人，一定是此子！

所谓"英雄惧末路之哀，美人愁迟暮之悲"。若干年后，曹丕登基称帝，不仅手握天下大权，更是坐拥佳人无数。那些佳人，人人如花似玉，个个冰肌玉骨，其中尤以郭贵嫔最受宠爱，一时风光无限。

相比之下，比曹丕年长四岁的甄宓，昔日风华已渐渐褪色。岁月无情，两人感情也渐行渐远。面对曹丕的薄情与疏远，甄宓难免心生哀怨，挥笔写下《塘上行》，字字句句，皆是无奈。

其诗如下：

蒲生我池中，其叶何离离。
傍能行仁义，莫若妾自知。
众口铄黄金，使君生别离。
念君去我时，独愁常苦悲。
想见君颜色，感结伤心脾。
念君常苦悲，夜夜不能寐。
莫以豪贤故，弃捐素所爱。
莫以鱼肉贱，弃捐葱与薤。
莫以麻枲贱，弃捐菅与蒯。
出亦复苦愁，入亦复苦愁。
边地多悲风，树木何修修。
从君致独乐，延年寿千秋。

一言以蔽之，就是：渣男，你对我始乱终弃！

这时的曹丕新登大宝，没有了父亲的压制，特别任性跋扈，一怒之下就赐死了甄宓。而曹叡，也因此被排除于接班候选人之列。

再后来，因为曹丕特别宠爱的郭皇后无法生育，曹叡便被强行过继给郭氏，成为其名下养子。这一转折，又为曹叡的未来增添了几分变数。

我们从曹叡的视角感受一下，自己的生母含冤受辱被枉杀，父亲大人又逼着自己去称呼一个与自己毫无血缘关系的女子为娘，这是何等的残忍！若是换做他人，能够平和面对那位继母吗？

曹叡却不一样，他把那股怨念深深压抑在心底，对郭皇后一口一个娘亲，简直叫得比亲娘还亲。不仅如此，无论平日里学习任务多重，他都会风雨无阻地来到郭皇后的寝宫，日复一日地殷勤问安。

人心都是肉长的，随着时间一点点消逝，一直渴盼天伦之乐却膝下无子的郭皇后已彻底将曹叡视为己出。

再后来，曹丕有意让另一个儿子曹礼接班。郭皇后听到风声，立刻去找曹丕理论，坚决为曹叡站台，曹叡这才躲过一劫。

眼见接班之事悬而未决，曹叡更是使出浑身解数，在曹丕与郭皇后面前极尽孝道，百般机巧，努力博取二老欢心。时日一长，曹丕心中对曹叡的那点疙瘩，也渐渐消除了。

据传有一回，曹叡随曹丕外出打猎，二人行至林间，忽见一对母子鹿正在悠然觅食。曹丕不假思索，搭弓便射，母鹿应声而倒。

曹丕兴致盎然，连忙催促曹叡："快！那小鹿眼看就要跑了，你赶紧给它来一箭！"

谁料曹叡听后，非但未抬起弓，反将弓掷于地上，翻身下马，跪倒在曹丕马前，涕泪交加，哀声道："父皇已取母鹿性命，这小鹿便失了依靠。儿臣实不忍，求父皇慈悲，饶它一命吧！"言罢，曹叡哭得愈烈，直至身形颤抖，瘫倒在地。

曹丕被这突如其来的悲泣弄得一愣，猛然想起被自己任性赐死的甄宓，心中父爱油然而生。他望着眼前这个儿子，竟觉自己作为父亲实在对其有诸多亏欠。

打猎回来，曹丕当即下了立曹叡为储君的决心。

从先天劣势到成功翻盘，少年曹叡这一系列操作，其城府与手段，由此可见一斑。

所以说，类似出身不好这种先天劣势，最多只会使人生变得跌宕曲折，但它并不能直接决定人生走向。最终决定人生高度的，是你自己，是你对于磨难的态度。倘若你能够将磨难当成一种历练，那么那些杀不死你的，只会使你变得更强。

登基之后，曹叡不显山不露水，好似一切理所应当，轻而易举便将曹丕赐予四位托孤大臣的权力重新收回自己的手中。

据《三国志》记载，曹叡因为口吃，登基之后便甚少召见群臣，就连四位托孤重臣也不例外。好像他生怕被下属们笑话似的。

然而，就在众人"丈二金刚摸不到头脑"的时候，曹叡却突然抛开曹真、司马懿等人，单独召见了刘晔，理由是"刘晔声音悦耳，朕爱听"。这说辞，就很离谱。

结果刘晔走出来后，面对同僚的好奇询问，直接甩了一句："其才略，近乎秦皇汉武，唯才具略逊一筹耳！"意思是说，咱们这位皇帝极不简单，胸怀和城府与秦始皇、汉武帝相比亦不遑多让，只是才能上可能比他们略微逊色一些罢了。

就在众人以为刘晔替皇帝吹牛皮之际，曹叡闪电出手了。

前文已有提及，诸葛亮与孙权眼见曹魏国君新丧，政权交接未稳，又欺曹叡年幼，便大张旗鼓兴兵来犯。

曹叡不慌不忙，随手一指："曹休将军，我父亲托孤于您，您是时候站出来为国家出把力了！对了，还有司马大人，朕加封你为镇南将军，速去荆州给孙权点颜色看看。”

至于曹真，早就被派出去抵挡诸葛亮的北伐大军了。

就这样，盘踞京城的四位托孤重臣，一下子被曹叡支走三个，只剩下一个能力最弱的陈群。孤掌难鸣，他能掀起多大的浪花来？

如此的年纪，这样的手段，就算是当年“煮豆燃豆萁”的曹丕，也是略逊一筹的。

如果按能力将曹家三代人做个排序，可以这样排：曹操胜过曹叡，曹叡强过曹丕。但无论是谁，都能以主上的身份死死压住司马懿。

伺候这样一位有枭雄之才的皇帝，就算是老而弥坚的司马老先生，也只能小心翼翼。可以说只要曹叡活着，司马懿就要继续隐忍伏低。他不敢不忍，也不敢不忠。

第五章

虎行似病，翻云覆雨要往暗处去

司马懿与曹操、刘备、孙权不是一类人。此三人且不论枭雄还是奸雄，都有明显的人性弱点。司马懿则是阴狠，令人不寒而栗。他不爱作诗，也不爱美女，甚至看不出他有脾气。他隐藏了自己的一切，就像坟冢中的老虎和峭壁上的秃鹰，潜心等待，时刻准备着对自己的猎物来上致命的一击。

诸葛亮这次要玩阴的

尽管正史对曹叡登基以后魏吴之间的这场战役记载不详，但其结局却揭露了一个可怕的事实：司马懿这位从未涉足战场的书生，首次披挂上阵，便以雷霆之势，将东吴老将诸葛瑾等人率领的精兵强将击溃，使名将张霸陨落沙场，还斩杀东吴士卒千余，战果辉煌。

这场战争无疑成为司马懿职业生涯中极其关键的里程碑，印证了他是一个“文能治国，武能安邦”的全能型人才，而且他还有着三朝元老的耀眼资历。

这次大获全胜，也极大提升了新帝曹叡的声望。曹叡这才意识到，祖父与父亲将司马懿的军事才能埋没得太深，于是他打破曹操留下的禁忌，正式册封司马懿为骠骑大将军。

话分两头，再说诸葛亮的动向。

对于诸葛亮而言，孙权那种硬碰硬的策略，就跟小孩子打架似的，简直入不了他的眼。他要打，就要打一场漂亮仗。

诸葛亮心中盘算，上兵伐谋，高明的手段应该是从曹魏集团内部寻找突破口。简而言之，他想玩点计谋。

这一次，诸葛亮决定以孟达为突破口，从他身上找到破解局势的钥匙。

想当年，孟达和法正同在益州刘璋麾下，两人一文一武，被奉为刘璋的左膀右臂，深受刘璋优待与器重。然而，这二人却包藏祸心，法正引刘备入主益州，孟达也随行其中。两人同心协力将旧主赶下台，恭迎新主到来。

归附刘备后，孟达也曾立下战功，其军事指挥才能还是值得肯定的。然而，正因为这份能力，刘备反而对他起了戒心——你孟达既然能够背叛刘璋，谁又能保证你将来不背叛我刘备？

与法正不同，孟达是手握军权的悍将，一旦他心生反意，其破坏力将直接威胁到刘备的统治。于是，刘备遣养子刘封到孟达身边担任督军，名义上是协助他，实则是为了监督和限制他的权力。

孟达很不开心，心中装满了不被信任的屈辱感。也正因如此，当被困于樊城的关羽向孟达请求支援时，孟达为了报复刘备的猜忌，坚决拒绝驰援，最终导致了关羽的败亡。

关羽死后，孟达意识到自己势必会被刘备报复和清算。为了自保，他果断率领军队抢在刘备动手之前投靠了曹魏，寻求新的庇护和发展机会。

曹丕登基之后，对孟达表现出了极大的信任，不仅封其为散骑常侍、建武将军，还赐予他平阳亭侯的爵位，更将房陵、上庸、西城三郡合并为新城，委任孟达为新城太守，赋予他守卫西南的重任。在这一时期，孟达甚至与曹魏的名将徐晃并肩作战，两人共同攻击刘封。可见，孟达对刘备的意见有多大。

孟达原本以为，自己能在曹魏手握实权，安享晚年。然而，天不遂人愿，曹丕英年早逝，新主曹叡登基。与曹丕不同，曹叡对孟达并未展现出同样的热情，这让孟达心中备感不安。他深知自己并非曹魏的嫡系，而是后期投靠过来的，因此在新主面前，他的位置显得颇为微妙。

远在四川的诸葛亮敏锐地洞察到了孟达的一切变化。此时，蜀国刘备刚刚逝世，诸葛亮手握兵权，成为蜀国的实际掌权者。他正值黄金时期，智慧、精力、体力均处于巅峰状态。

野心勃勃的诸葛亮认为，孟达将成为他突破曹魏防线、改写历史的关键人物。

想与我抢功的人，必须死

诸葛亮首先修书一封，直截了当地说："老伙计，在曹叡治下，你恐难再获重用。若你愿意携曹魏地盘、军队与物资，转归于我，我必既往不咎。与你有仇的关羽、刘备都不在了，你不用害怕受到报复。只要你愿意回归，我诸葛亮既往不咎，仍视你为蜀国老臣，必定厚待。"

孟达身经百战，自然非愚钝之辈，怎会轻易被人哄骗。但诸葛亮的话确实触动了他的内心，孟达陷入犹豫之中。

诸葛亮深知人心微妙，早已预料到孟达未必会轻易相信，于是继而施展出更为狠辣的第二套方案。

孟达在曹魏集团中有一仇敌，名曰申仪。诸葛亮便派遣一名手下率领一小支军队，假装蜀国叛逃者，前去投靠申仪。随后，这名手下便以纳投名状的方式告知申仪：你还不知道吧，孟达与诸葛亮正眉来眼去呢！

这真是"正愁没人教，天上掉下个粘豆包"。申仪终于等到了收拾孟达的机会，立刻如同大喇叭一般，在朝堂上揭发孟达的阴谋。

远在边疆镇守的孟达闻讯后，以为自己的密谋已经败露，不得不赶在曹叡遣兵镇压之前起兵造反。

诸葛亮的这一手“上树拔梯”玩得确实精彩。他通过嫁祸的方式，巧妙地切断了孟达与曹魏集团的信任纽带，使孟达不得不配合自己的行动。一旦此计成功，他便可不费一兵一卒，轻松获取曹魏的城池、军队与战略物资。

此时，司马懿已手握兵权，统辖荆州、豫州两大要地。申仪于朝中将此情状公之于众后，司马懿旋即挥毫泼墨，修书一封，命人乘快马，连夜飞驰送至孟达手中。

信中言辞恳切，大意为：申仪与你宿怨已久，此事我心知肚明。此番变故，必是小人从中作梗，陷将军于不义。再者，刘备新逝，诸葛亮急于北伐建功，此必为其诱你入彀之计。试想，你在蜀国所开罪者乃刘备，投奔蜀国，真能比在我魏国之时更为安逸吗？望将军三思而后行。

孟达览毕司马懿书信，心绪稍安，暗忖曹魏中枢对自己尚存幻想，如此自己便有了更多的时间，可从容加固城防，以备不虞。

其间，诸葛亮亦修书一封至孟达，劝其深沟高垒，严阵以待，并告之蜀国援军已整装待发，不日将至。信中，诸葛亮还特别提及了司马懿，似有深意。

孟达回信于诸葛亮，言辞轻松：“丞相勿忧。司马懿屯兵宛城，若欲兴兵犯我，必先禀报曹叡，而后千里迢迢，行军一千二百里，方能抵我之境。即便神速，亦需一月有余。彼时，丞相所遣之军早已与我会合了。”

然而，司马懿直接给了孟达与诸葛亮当头一棒。书信发出的同时，司马懿便亲率大军，昼夜不息，直奔孟达驻地。孟达认为司马懿至少需耗时一月，实则司马懿仅用时八日，犹如神兵天降，抢在诸葛亮援军之前，将孟达营寨团团围住。

孟达立于城头，遥望司马懿身影，一时瞠目结舌，愕然无措。

孟达匆忙写就书信一封致诸葛亮："我屯兵固守此地，不过旬日，司马懿竟已兵临城下。其速若神，令人咋舌。恳请丞相速遣大军，前来援救！"

然而司马懿先机已占，早遣重兵，扼守蜀军必经之路，断绝孟达获援之望。

继而，司马懿将麾下兵马分为八路，自八方齐发，向孟达发起雷霆攻势。孟达无奈，只得将有限兵力亦分作八组，勉力抵抗。不过区区十六日，便告城破。

司马懿懒得与孟达多言，径自下令将其斩首，并将其首级送往京师。曹叡接到孟达首级，方知南方事变。而这一切，司马懿早已处置得妥妥帖帖。

远在蜀中的诸葛亮，只能眼睁睁看着自己精心策划的棋局沦为司马懿一人的舞台。

此前，诸葛亮与司马懿虽然各领风骚，却未尝正面交锋。此番首次直接较量，他本欲在刘备驾崩后，为蜀国、为天下献上一场惊世骇俗的亮相，却不料被司马懿一记重锤砸下舞台。

诸葛亮前期的策略虽妙，可司马懿的应对实在超乎想象，即便诸葛亮、孟达等文武大才亦难以预料。故败局已定，无可挽回。

天下武功，唯快不破。此言非虚。

孟达之事，功成于两人，一为司马懿，另一为申仪。显然，若无申仪告密，司马懿即便有运筹帷幄之能，也无法突破时间因素的制约，打出如此精彩的闪电战。

然而，对于这种依赖告密以求功名的小人，司马懿内心深处实则充满了不屑与鄙夷。在决定斩杀孟达之际，他便已然暗中布局，准备在事后寻得一个巧妙的时机，将申仪除去，以免这种小人在日后成为自己的绊脚石。

司马懿内心的逻辑冷酷而决绝，仿佛一道冰冷的铁律：凡想与我抢功的人，必须死!

我偏要看看，你有什么本事跟我斗

孟达上路之前，觉得自己还可以抢救一下，况且就算宿命已定，临死也要拉个垫背的。于是，他果断向司马懿递交了一份重磅材料——司马大人，申仪他私刻公章，甚至伪造朝廷乃至皇上的命令，假公济私为自己捞取好处——将坑害他的申仪也拖下了水！

申仪与孟达这种互相背刺的行为，就是典型的囚徒困境。简单来说，在任何形式的合作中，如果所有合作者都只考虑为自己争取利益，那么合作最终一定会走向零和博弈——大家谁都捞不着好处，最后较着劲一起死。而制造这场困境和博弈的人，才是利益的最大获得者。

司马懿虽然手握申仪的犯罪铁证，但他秘而不宣，反而如猛虎猎食一般，阴森森地静观申仪的反应。孟达死后，申仪心里也开始打鼓，吃不准孟达在临终前是否揭发了自己。

司马大人凯旋，狠狠地给新上任的年轻皇帝长了一次脸，一瞬间成为大魏朝的顶流，各地官员争相带着厚礼上门道贺。唯独申仪，左右为难：不去道贺，不合礼数，摆明了是做贼心虚；要是去了，万一司马懿摆的是鸿门宴呢?

司马懿见申仪迟迟不肯露面，已然猜测出他心中所想，于是派人给申仪传话：“我司马懿这次能够旗开得胜，全靠申大人及时揭露孟达的诡计，此番归来，定要重谢申大人！”

利益这东西最容易使人晕头转向。老江湖申仪就此顾虑全消，满心欢喜地拎着大礼前去道贺。谁承想，前脚刚一踏入司马府，后脚就被捆了个结实。司马懿也不跟他说废话，转手就将申仪及其犯罪证据打包送往朝廷，静待皇上发落。没过多久，申仪的脑袋便搬了家。

至此，孟达、申仪都成了司马懿的刀下亡魂，而所有功劳，全被司马懿占为己有。可叹申仪，机关算尽太聪明，反为他人做了嫁衣裳。

司马懿这番操作，气得诸葛亮在蜀中跳脚骂娘，怎奈远水救不了近火。不过，这反而激起了诸葛亮的斗志：我倒要看看，你司马懿有什么本事，敢与我诸葛卧龙掰手腕子!

就这样,孟达反叛风波刚过去一年,诸葛亮便亲自挂帅北伐中原。他要让天下人都看看，现在，谁才是最厉害的那个人!

至此，诸葛亮的北伐大戏正式启幕。

诸葛亮行军打仗，喜欢下大棋，总是先布下一个很大的局，再将对手一步步引入其中，在对方尚未察觉之时，骤然祭出大招完美收割。说白了，就是极其善于使用计谋。因此与诸葛亮这样的人对决，若不是老谋深算，取胜的概率不大。因为只要你心思单纯那么一点点，就根本看不透他心中的盘算。

二二八年春，诸葛亮遣赵云、邓芝两位大将大张旗鼓地进军箕谷。

这是声东击西之计，意在误导魏国，使曹叡将精锐部队全部调往箕谷，而他则打算攻其不备，亲自领兵十万，奇袭魏国边塞重地祁山。

当时，蜀国尚存不少资历与能力兼备的战将，比如曾在刘备面前立下军令状——“若曹操举天下而来，请为大王拒之；偏将十万之众至，请为大王吞之”——的魏延。

有史书记载，出征之前，魏延曾向诸葛亮谏言：“听说夏侯楙是曹操的女婿，是靠裙带关系上位的。这家伙胆子小又没智谋，丞相给我五千精锐，我带上五千人的口粮，直接从褒中出发，沿着秦岭一路向东，到子午谷再北上，用不了十天，就能到长安城下。夏侯楙那草包一听我来了，肯定吓得弃城而逃。到时候，长安城里就剩下几个御史和京兆太守，破城还不轻而易举？横门粮仓的存粮，加上百姓逃散后剩下的粮食，足够咱们吃的。等魏国从东边调集军队支援，至少二十天。您再从斜谷出来接应，咱们会师潼关，时间刚刚好。这样一来，咸阳以西的地区，咱们就能一举平定！”

然而，诸葛亮觉得这个计划太过冒险，不如自己构思的稳妥，自己构思的可以十拿九稳拿下陇右地区，不会出岔子。这也符合诸葛亮的一贯工作作风：谨慎，谨慎，再谨慎；既求有功，又要无过。所以，他一票否决了魏延的计划。

若干年后，这个名为“子午谷奇谋”的战略，被朱棣套用了。朱棣起兵三年，与朱允炆打得有来有往，但始终没有突破性进展。这时，黑衣宰相姚广孝祭出了大招：“毋下城邑，疾趋京师。京师单弱，势必举。”

这是兵行险招，朱棣没有想到，朱允炆更没有想到。但朱棣毕竟不是诸葛亮，他是有魄力的，果断采纳姚广孝的建议。他带着小股精锐奔袭京师，打了朱允炆一个措手不及，也给了朱允炆致命一击。

书归正传，当时很多人都向诸葛亮提议用魏延做先锋大将，诸葛亮说“我不，魏延有反骨，我要用马谡”。

却说当年刘备在弥留之际，曾拉着诸葛亮的手一再叮嘱：“小明啊，马谡这孩子就是个嘴炮，万不可重用啊！”诸葛亮一边说“陛下英明”，一边心想“以后用谁还不是我说了算”。刘备驾崩之后，诸葛亮旋即擢升马谡为参军……

此次北伐，是刘备去世以后，蜀国第一次大规模向外用兵。诸葛亮任用马谡为先锋，用意很明显——希望马谡能够借此累积军功。如此，自己便有理由将心腹提拔上来，用以对抗和压制朝中那些与自己抗衡的势力，比如李严派系。

卧龙亟需一场证明自己的胜利

战争初期，由于蜀国在刘备走后已经多年按兵未动，因此魏国大意了，没有准备，被诸葛亮打了个措手不及。天水、南安、安定几个郡相继叛魏，关中地区风起云涌，朝中文武人心惶惶。

看到诸葛亮的布局，受命在荆州训练水军、择机攻打东吴的司马懿却笑了，对部下说："诸葛亮平生谨慎，未敢造次行事。若是我用兵，先从子午谷径取长安，早得多时了。他非无谋，但怕有失，不肯弄险。"

同样笑出来的，还有曹叡，他对满朝文武说："诸葛亮凭险固守的本事不错，现在他竟然兴师动众，领兵来跟我们打仗！打个锤子！他这是自己找死！"

当然，此时再调司马懿回军应对诸葛亮，显然已经来不及了。曹叡旋即遣曹真与赵云厮杀，又遣曹真部将张郃领精兵五万迎战马谡。

当然，诸葛亮对马谡也不是完全放心，为此特地指派王平为副将，以防马谡误判。此外，又令高翔、魏延两位战将，各领一军在街亭的左右两翼扎营，以便在马谡需要时提供及时的支援。

做完这些周密的部署以后，诸葛亮胸有成竹，坐等自己精心培养的好下属摘桃子。要是马谡能像黄忠在定军山斩夏侯渊一样斩了张郃，看以后朝中还有谁敢不服！

这样的好领导，打着灯笼都难找。然而，人算不如天算，即便是诸葛孔明，也有失手之时！

马谡当然也有自己的想法：如果我完全按照丞相安排好的计划摘桃子，到时候建功立业，也是他丞相英明神武、指挥有方，哪里还能彰显出我马谡的与众不同之处？我马谡，决不能被人戳脊梁骨，被人说成是靠领导关系上位的！

于是他大手一挥：将士们，跟我上山！

王平见状，急忙出面劝阻："张郃的兵力远不及我们，加之我军左右有援军策应，他若敢来犯，必败无疑。你为何突然要将大军移至孤山之上？这岂不是自找麻烦吗？！"

马谡一句话就给王平怼了回去："这里究竟是谁说了算？"

张郃来到街亭一看，笑了："都说诸葛亮足智多谋，扯淡！这不派来一个废物吗？"于是二话不说，引兵断绝蜀军水道。随即，从容地在山下安营扎寨，围住山顶蜀军，一边悠闲地品着热茶，一边冷眼观察着山顶的动向，静待时机。

三日不到，马谡的大军便因缺水而焦渴难当，加之退路已被魏军死死封锁，蜀军内部终于爆发了混乱。张郃瞅准时机，果断对马谡发起猛烈攻势，蜀军一触即溃，街亭防线随之失守。

与此同时，另一战线的赵云也因为力量悬殊，寡不敌众，被迫退兵。

诸葛亮回到蜀国后，立刻施展了自己“高明”的政治手腕。

在处理马谡的问题上，其杀伐果断的一面表露无遗。尽管诸葛亮与马谡关系亲厚，甚至给人一种马谡有可能是其私生子的错觉，但在关乎大局的关键时刻，在需要有人牺牲的时候，诸葛亮绝不会手软。

诸葛亮政治手段的高明之处还在于，此事虽因马谡一意孤行而起，但他旋即以退为进，主动将责任揽到了自己身上。这一系列政治公关操作下来，看似诸葛亮自食苦果，但实际上他的实权并未受到影响，同时又堵住了反对派们的嘴，使他们无法再对其进行过分的指责。

可以说，诸葛亮给世人上了一堂很好的危机公关课——当危机突然降临，行事的度量与决断力至关重要，张弛有度、果敢决绝，实为化解危机的根本。

试想，倘若诸葛亮因私情轻罚马谡，或是仅罚马谡而忽视自身责任，那么反对派的讨伐声必如星火燎原，汇聚成不可阻挡之势，对其执掌蜀汉政权造成极为严重的影响，甚至动摇其根基，让他的未来蒙上阴影。

街亭失守之后，诸葛亮的焦虑情绪日益加重。因为整个蜀国都已经目睹了一个显而易见的事实——自先皇刘备离世后，诸葛亮独立领导的战争尚未取得过一场胜利！

这就尴尬了，不是说诸葛丞相才是蜀汉崛起的擎天巨柱吗？

因此，对于此时的诸葛亮而言，他迫切需要一场胜利来证明自己的才能，证明自己才是蜀国不可或缺的那个人。

在诸葛亮修整兵马，准备第二次北伐期间，司马懿也没闲着。

某日，曹叡问司马懿：“东吴与西蜀都对我们不怀好意，我们究竟应该先对付哪一方呢？”

司马懿立刻给出答案：“先干掉东吴！”

曹叡皱眉思索：“那么问题来了，吴国有天险做屏障，又有水军撑腰，我们凭什么干掉他们呢？”

司马懿分析道：“吴国的水军确实厉害，我们北方军人不善水战也是事实，但这并不意味着我们就拿他们没办法。”

曹叡眼中闪过一丝期待：“快说说你的想法！”

司马懿话锋一转，问道：“陛下，您是否有过搏斗的经验？在贴身肉搏时，您认为应该先出哪一招？”

曹叡：“先锁喉，再爆揍！”

司马懿连连点头：“陛下果然英明。若想重创敌手，确应首先控制其要害，再给予致命一击。皖城之于孙权，便如同脖颈之于人，而夏口则是其心腹大患。我们可遣一支兵马佯攻皖城，孙权必然调兵遣将，使其前往驰援，届时夏口兵力空虚，我们便可乘虚而入，直捣老巢。”

曹叡听闻此言，不禁拍案叫绝，赞叹道：“高妙至极！”

随后，他笑着对司马懿说：“多谢爱卿指点，朕这就着人去办征讨东吴事宜。”

司马懿听后心中了然：曹叡与他的爷爷曹操、父亲曹丕一样，依旧对自己心存戒备，依旧不愿给予自己大展拳脚的机会。

当然，司马懿也如以往一样，喜怒不形于色，欣然接受领导的一切安排，向曹叡行了君臣之礼后，便坦然离去。

司马懿离开后，曹叡即刻任命曹休为征东主帅，命其统领魏国的主力大军向东吴挺进。临行前，曹叡还向曹休明说了司马懿“佯攻皖城，实取夏口”的战略构想，并嘱咐他务必按策略制敌。

然后，曹叡又给了司马懿一支小规模军队，让其随行在曹休主力的侧翼。这支军队并不直接参与攻打皖城和夏口的任务，而是辅助性地进攻江陵，为曹休吸引敌军火力。简而言之，曹叡让司马懿在这场大战中打辅助，为曹休建立不世功勋做嫁衣裳。但战略方针却是司马懿给的。

伤害性不大，侮辱性极强!

倘若你是司马懿，自己为公司的高歌猛进规划了完美蓝图，结果领导拿着你的策划案让他小舅子去摘桃子，还要你以炮灰的姿态给他小舅子打辅助，你能受得了吗？你会不会愤而辞职，直接撂挑子呢?

然而，我们的司马懿先生却不发一句怨言，按照命令，率领着自己的炮灰小部队前进。

活成老人精的孙权得知魏军正朝皖城进发，便指派皖城守将周鲂致信曹休：“曹将军，我周鲂也是个有才能的人，却在孙权麾下备受打压。听说您要打过来了，我心生归顺之意，愿将皖城送上，作为我们初次会面的见面礼。请您迅速前来，别让末将步了孟达的后尘！”

想当年，孟达正是因为诸葛亮大意，援军晚于司马懿抵达而兵败身死。周鲂此举，意在提醒曹休，请务必在孙权对我下手之前与我会合，这样取皖城便如同探囊取物般容易。

曹休得信，欣喜若狂，急于建功的他完全放弃了曹叡事先佯攻皖城的安排，亲率主力急奔皖城而去。

这一切，处在不远处的司马懿全都看在眼里，但他不劝阻也不上报，用意显而易见——你们想摘我的桃子，我就看你们的好戏。

司马懿在前半生，为了曹家的事业也算是兢兢业业。作为三朝老臣，他屡献奇谋，屡建奇功，但曹家三代人又是怎样回报他的呢？

在曹家人眼中，司马懿大概就像厕纸一样，没有他还真不行，可用完了就嫌他脏。

正因如此，司马懿在此次事件中调整了对待曹家的策略：对于曹家交付的任务，他仍会尽心尽责、精益求精地去完成，不让领导挑出毛病，不授人以权柄；然而，对于那些不直接归属于他职责范围内的事情，他则选择缄口不言，不再多事提醒。

那么，在曹魏阵营中，难道就没有清醒的人，能够挺身而出唤醒曹休的警觉吗？

肯定是有的。尚书蒋济一直关注着前方的军事动态。当周鲂投降的消息传来时，蒋济的直觉告诉他，这其中有诈。蒋济马上向曹叡进言，提醒他告诫曹休要提高警惕，以防不测。

然而，此刻的曹休早已被立功的欲念驱使得狂性大发，对于蒋济的提醒充耳不闻。他心中坚信，周鲂的投降是出于诚意的，是绝无虚假的，是千载难逢的。就这样，曹休毅然决然地带领主力部队踏入了孙权精心设计的陷阱。前方的不远处，东吴的九万精锐之师，正在静悄悄地等着曹休自投罗网。

结果可想而知，曹休部几乎全军覆没。虽然曹休侥幸突出重围，但他身受重伤，内心也遭受了前所未有的重创。自此之后，曹休一病不起，最终在病痛和不甘中，因痈疮迸发而离世。

如此一来，曹丕精心布置的四个互相牵制的托孤大臣，便少了一人。

身处蜀地的诸葛亮一直密切关注着魏吴战态，眼见魏军大败，西线防御形同虚设，便知道，自己的机会来了！

二二八年冬，距离第一次北伐失败尚不满一年，诸葛亮便踌躇满志地发起了第二次北伐。

此刻，曹魏的主力悉数集中在东方战线，西线战场显得异常空虚。在这样的局势下，诸葛亮能否抓住机遇，一举功成呢？

杀神三路，诸葛亮如何接招

吸取了上一次失败的教训，这一次，诸葛亮更加谨慎了。他先不触动魏国的战略要地，而是打算一步步蚕食魏国的地盘，他决定先打小城——陈仓。

兵贵神速，陈仓城很快便被蜀军团团围住。而此刻驻守陈仓的，只是一位小有名气，却在战将云集的三国时代排不上号的武将——郝昭。

诸葛亮又想“上兵伐谋”。他先让郝昭的老乡——一位蜀国士兵，写信劝其归降。显然，自贬连降三级的诸葛右将军又想玩当初对付孟达的那一套。然而，郝昭是个聪明人，在他眼里，“上市公司”曹魏远比“小企业”蜀国有吸引力，因此毫不犹豫地拒绝了诸葛亮“诚意满满”的邀请。

诸葛亮见状，也是怒火中烧，心说：“你一个小小的郝昭，我诸葛丞相，啊不是，右将军，给你脸你不要，那你就准备承受我的怒火吧！”

随即，诸葛亮下令向陈仓城发动不遗余力的猛攻。然而，郝昭早有准备，他同样命令士兵不遗余力地用火头箭迎击，同时让大家从城墙上往下扔石磨，顺着蜀军的梯子狠狠地砸。蜀军的首轮攻势就这样被遏制住了。

随后，诸葛亮祭出了墨子当年的神来之笔——井阑——一种底部装有轮子、能够根据需要随意移动的木制箭塔，士兵们站在上面可以肆意放箭，称得上是攻城大杀器。

然而，郝昭一点儿也不惧，他马上命人在陈仓城的城墙内竖起一道屏障，将蜀军的疯狂箭雨统统挡了下来。

“我，诸葛亮，何时在无名小卒面前吃过这样的瘪！全军听令，挖地道，进去盘他！”

万万没想到啊，郝昭连地道战都做了准备，他早早命人在城内挖设了横向的防御壕沟。也就是说，一旦蜀军把地道挖通，魏军就可以站在壕沟边上，蜀军出来一个，魏军就弄死一个，绝对占据上风。

如此这般，诸葛亮与郝昭持续对战了二十多天，胜负依旧未分。这期间，魏国大量军队陆续抵达陈仓，为郝昭提供了强大的后援力量。而蜀军这边，因为是远途作战，粮草逐渐供应不上，最终只好饿着肚子退了回去。不过在撤退途中，诸葛亮运筹帷幄，成功击杀了魏军前来追击的将领王双，终究没有空手而归。

郝昭因此一战成名，被誉为“大魏最靠谱的守门员”。

诸葛亮可就不一样了。自从刘备过世，诸葛亮策反孟达失败，兵出街亭损兵，攻打陈仓无功而返。三战三挫，这份拿不出手的成绩单，蜀国的官员们可都看在眼里呢。

事实上，街亭失守，基本宣告以后的北伐全是噱头，但为什么诸葛亮还要一而再，再而三地折腾呢？诸葛亮应该有自己的想法。

自关羽败走麦城、刘备白帝城托孤，蜀国元气大伤，实力在三国之中已然垫底。此时，诸葛亮却喊着“匡扶汉室，恢复中原”的口号，频频出兵祁山，以数万兵力硬撼数十万魏军，此举实非明智之举。

然而，即便诸葛亮不北伐，魏国也会出兵攻蜀。与其坐视蜀地被战争摧残，不如将战火引向魏国。而且，单纯的防守只会让蜀国与魏国的差距越拉越大。蜀汉毕竟国小力弱，特殊的地理位置使其如同笼中猛虎，难以出笼侵魏，曹魏也难以入笼打虎。若中原动荡，或许还有一线生机；若中原稳定，则毫无胜算。

另外，蜀国是刘备依靠荆州集团（刘备入蜀带过去的那群人，以诸葛亮为首）在蜀地建立的政权。因此，在蜀国内部，荆州集团位居第一阶级，东州集团（刘璋的那群旧部，以李严为首）位居第二阶级，而蜀地集团（蜀地本土势力，以谯周为首）则只能屈居第三阶级。这样的政治格局，矛盾自然会不断加剧。

蜀国建国之初，荆州、东州与蜀地三方势力的矛盾并不显著。然而，荆州集团在经历关羽失荆州、刘备败夷陵、元老凋零等一系列重创后，明显已无力继续压制另外两大集团，三方矛盾日渐激化。刘备深谙此理，故在托孤之时，除任命诸葛亮为“正托孤大臣”外，还任命李严为“副托孤大臣”，一是为了让双方互相制衡，稳定自己儿子的统治，二是希望能够借机拉拢东州集团，与之共同压制蜀地集团。

诸葛亮发动北伐，或许也是出于将蜀国内部矛盾转移至对曹魏的外部矛盾的考虑。一旦成功打下雍州、凉州，荆州、东州、蜀地三大集团的矛盾将大大缓和，同时蜀国也将有机会问鼎中原。

因此，孔明出兵祁山，很可能是自知不可为而为之，失败并不在意料之外。

当然，诸葛亮的政敌们一定不会为蜀国作这样的考虑。比如李严就曾公开放言：要我为你诸葛亮做军事辅助也可以，但你要牵头奏请皇上，划出五个郡设立新巴州，并由我出任这巴州刺史，否则，一切免谈！

这不就是明目张胆地要求分权，想建个“国中之国”吗？诸葛亮当然不会应允。二人就此明面上合作愉快，暗地里针尖对着麦芒。

如今诸葛亮接连出错，对于政敌们来说，正是针对他的大好时机。

这种情形下，诸葛亮迫不及待地发动了第三次北伐——“想对付爷？呵，爷不给你们机会。”

二二九年春，诸葛亮突然对魏国的武都、阴平两郡发动袭击，拿下城池留下驻守后，又迅速带兵撤回汉中，一面加强防守，一面观察魏国动向，随时准备再度北伐。

诸葛亮这般挑衅，终于把曹叡给惹毛了。曹叡原本打算按照司马懿的构想，先干掉东吴，再慢慢收拾西蜀。可诸葛亮像个“疯狗”一样，不断跑到自己家门口咬人。他想：这要是不给出强烈回应，天下人还以为我曹叡怕他诸葛亮呢！

于是，曹叡大手一挥，按照陈群的建议，兵出子午谷，西进伐蜀，势必要给诸葛亮一个深刻的教训。

同时，为了确保取得压倒性的胜利，曹叡又从东线战场调来司马懿，命他率部沿汉水西进，与曹真共同蹂躏蜀军。

即便如此，曹叡觉得还不足以解恨，于是又遣诸葛亮的老对手张郃领兵直击汉中，一定要把诸葛亮打到灰头土脸、丢盔弃甲才算结束。

至此，魏国已集结了两大托孤重臣与一位顶级战将，兵分三路向诸葛亮发起凌厉攻势。

那么，诸葛亮能否挡得住这波攻势，而司马懿又会有怎样的精彩表演呢？

这一次，只能祭出司马懿了

眼见曹真、司马懿、张郃三路大军齐齐向汉中逼近，诸葛亮心里也没了底。于是赶紧修书一封，请李严速带两万兵马前来增援。

诸葛亮的意思很明白：老李，平日里不管咱俩怎么斗，都是内部矛盾。如今外敌压境，我们必须一致对外，这是原则问题，你可要拎得清啊！

李严收到信后，心中非常得意：你诸葛亮不是自诩天下无敌吗，也有求到我李严的一天！

于是，他回信一封给诸葛亮，信中却绝口不提增援之事，反而向诸葛亮透露："近日，司马懿那家伙总是给我写信，许我在魏国继续享有高官厚禄，希望我能与他里应外合，共同对付你。丞相，你觉得司马懿此举何意呢？属下愚钝，想不明白，还望丞相指点迷津。"

诸葛亮览信后，气得直跳脚。李严摆明了是想趁机捞好处。但眼前大敌压境，诸葛亮只得忍下这口恶气，火速修书一封上奏刘禅。在信中，他把李严夸得天花乱坠，并提议册封李严为骠骑将军，兼任中都护，甚至允许他插手丞相府事务。这实际上是将李严提到了与自己平等的地位上。同时，他还建议任命李严之子李丰为江州防务主管。

刘禅一一照准，这才使得李严带兵出发，前去增援。有趣的是，临行前，李严还特意改名为李平，寓意“平起平坐”，显然是向诸葛亮示威。

另一边，曹真率领的大军正在崎岖的山径上艰难地向蜀国进发。这一次，老天爷似乎站在了诸葛亮这边。曹真的军队走到哪里，哪里就大雨如注。而且雨足足下了一个月之久，给军队的前进带来了巨大的困扰。

最终，在众臣的建议下，曹叡下令三路大军迅速撤军。这也是没有办法的事情，若曹叡为了与诸葛亮置气而一意孤行，即使军队勉强抵达蜀国，战斗力也会因为恶劣的天气而大打折扣，届时很可能被诸葛亮以逸待劳占去大便宜。曹叡自然不会这么幼稚。

曹军撤退时，诸葛亮果断抓住战机，迅速攻占南安，成功击败魏国守将郭淮与费瑶。第三次北伐，诸葛亮借助天时地利，以小胜告终。

那么在这场对战中，我们的主人公司马懿又在做什么？他为何毫无存在感？

司马懿有他的想法：我无非就是个打辅助的，此战若胜，那是他曹真的盖世战功，我献这个殷勤干什么？他日若是由我领兵……

所以，司马懿虽然一路扮演着旁观者的角色，但也没闲着，他暗中记下了入蜀的路况，并将一些特别之处在心中一一标记。

二三一年春，趁着前次胜利的东风，诸葛亮再度挥师，开启了他人生中的第四次北伐。

这一次，诸葛亮为避免粮草不继而影响作战部署，祭出了“黑科技”——木牛流马。

木牛流马具体是何种构造、什么原理，我们无法说得一清二楚，因为诸葛武侯并未给后人留下任何记述和图纸。

在脍炙人口的小说《三国演义》中，木牛流马被塑造成一种不需要给电或加油，就能够无休无止工作的神奇机械，只需将粮草置于其上，便可以夜以继日地进行军需传送。但是就当时的科技水平而言，显然不现实。

不管怎么样，据史书记载，诸葛亮巧妙利用木牛流马解决了粮草运输的棘手问题。这一次，他踌躇满志，挥师出祁山。

这里需要纠正一下，演义故事中常说的“诸葛亮六出祁山”并不是史实。事实上，诸葛亮前后北伐共有五次，而真正挥师出祁山，仅有两次，分别是第一次和第四次。这一点，我们需要有清晰的认知，不要被演义中的精彩情节所误导。

闻听诸葛亮再度北伐，曹叡即刻召见曹真，希望曹真再次扛起对抗诸葛亮的大任，去给诸葛亮一点颜色看看。然而，曹真自从上次在蜀地连淋一个月雨后，健康状况急转直下，此刻已再无领兵出征之能。

曹叡恍然惊觉，父亲留给自己的四位托孤重臣，如今仅剩司马懿和陈群尚可以依仗了。可是陈群虽说对曹家忠心耿耿，却缺乏领兵作战的经验。当下能与诸葛亮一较高下的，唯有司马懿一人了。

无奈之下，曹叡只能将统兵大权交付给司马懿。这也是司马懿在其职业生涯中首次独自全权指挥曹魏的主力军队。他要面对的，是那位让他神往已久，却从未正式交过手的老对头诸葛亮。

这时，司马懿五十三岁，而诸葛亮也已五十一。

张郃的账早晚是要算的

曹叡对司马懿显然不会给予无条件的信任，所以在无奈地将军权交给司马懿后，又给他派了两个助手——张郃和郭淮。名义上，二人西线作战经验丰富，可以使司马懿如虎添翼，但二人此次的主要任务，还是对司马懿进行监视和牵制。其作用，类似于监军。

监军一职，由来已久，早在战国初期便已有记载，是我国古代中央政府对军队实施掌控的重要机制之一。与其他历史产物一样，监军的作用亦具有双重性。

从积极的角度看，朝廷设置监军的初衷是为了发挥其监察功能。在这方面，监军确实表现得相当给力。他们时刻关注着军队高层的动态，并及时向朝廷进行汇报，使得中央政府能够迅速掌握各地军队的情况，并采取相应的动态策略。

然而，随着皇帝为了强化心腹在军队中的地位，赋予监军更大的权力，权力的膨胀不仅带来了更多的利益纠葛，也催生了不容忽视的消极后果。

作为天子心腹，监军执行的是皇帝的旨意，无须向其他人负责。这意味着，监军将不受约束，除了皇帝之外，无人能够指挥监军，军队高层对此也束手无策。在皇帝英明或能够自主决策的情况下，这或许不构成问题。但如果是一位昏庸或窝囊的皇帝，监军的意思实质上就变成了皇帝的意思。因此，“侵扰军政，将帅无法独立决策”的事情便会时有发生，导致将领们无法有效统领部队，出现错误决策、错失战机等不利情况。

更严重的是，倘若被有心人利用，那么监军很可能会成为野心家手中的政治玩物。野心家们借机肆意诬陷将领，残害忠良。

当然，每项制度的诞生都有其复杂的背景，每件事物也都具有两面性。对于监军一职，我们也应该辩证地去看，没必要一听到“监军”二字就扔砖头。

司马懿自然对曹叡的用意心知肚明。抵达西线战场之后，司马懿便开始进行战略布局。他先是遣费曜、戴陵带领四千精锐前往上邽驻防，以防诸葛亮搞突然袭击。而他本人，则亲自率领主力部队向祁山挺进，仿佛是在向曹叡宣誓：皇上，老臣此去，定要身先士卒，与诸葛亮一决雌雄，不成功便成仁！

结果，张郃站了出来，对司马懿提出异议：“我认为，应该兵分三部，其中两部驻守原地，以稳固我军后方，而第三部则作为突击力量，直取诸葛亮的主力。若战事不利，其余两部可随时提供有效支援。”

司马懿一票否决：“如果前锋部队确有实力与诸葛亮单挑，那么张将军，你的提议堪称绝妙。但是，我们没有能够确保对诸葛亮形成有效牵制的部队，这种情况下还要将兵力分散，岂不是要重蹈楚军被黥布所破的覆辙吗？”

简而言之，司马懿主张集中优势兵力，找到蜀军的薄弱之处，抓住七寸猛打；张郃则倾向于采取更为稳妥的分兵合击之策。但是司马懿是军队中的最高决策者，所以张郃见司马懿态度极为坚决，便偃旗息鼓，不再多说。

诸位想象一下，你刚刚被提拔到重要的领导岗位上，首次布置工作任务，就有一个下属跳出来，拍着桌子质疑你的决策。你会是什么感受？

司马懿当然不会将想法表现在脸上，他依旧像什么事情都没有发生过一样，一团和气，指挥若定。毕竟，以军事才能而言，张郃配得上良将之称，暂且留着他，或许有大用。但这笔账，迟早是要清算的。

听说司马懿竟然亲自领兵迎战自己，诸葛亮的斗志也被点燃。他着令王平继续围困祁山，自己则统领大军直扑司马懿。

然而，就在两军即将交锋之际，诸葛亮却耍了个花招——指挥大军悄悄转向，巧妙绕过司马懿主力，沿着僻径直取上邽。

此刻的上邽城，只有费曜与戴陵二将镇守，两人手下也仅有四千兵马。对面是诸葛亮的泱泱大军，加之诸葛亮亲自督战攻城，上邽的沦陷，也就在转瞬之间。

诸葛亮绕兵打上邽，实在高明。

这虚晃一招，出其不意，即便是慎独慎微的司马懿也被打了一个措手不及。

再者，上邽的麦子刚好成熟，这本是司马懿预留的战备物资，此时却悉数成了诸葛亮的战利品，充实了他的粮仓。

听闻后方遭诸葛亮偷袭，司马懿立即回军救援。诸葛亮心知司马懿会回师反击，也毫不犹豫地从上邽出发，向东进兵，准备与司马懿大战一场。

第六章

拿捏诸葛，羞耻感弱的人才能笑到最后

一个人如果羞耻感过重，那么他就很难放开自我。也就是说，他很容易被自尊需求、偶像包袱、道德绑架等诸多因素牵制，以至于左思右想，畏首畏尾，陷入精神内耗的旋涡。结果他被别人耗死了，大概还以为是自己错了。不能说司马懿没有羞耻感，只是他更清楚，之于利弊而言，羞耻感显然是有些多余的。这也正是他能够拿捏诸葛亮的可怕原因。

卧龙要是死了，我怎么办

远远地，似乎可听闻战马在奔腾，司马懿当即下令：“全体士兵！原地安营！无我指令，任何人不得轻举妄动！”

等诸葛亮大军浩浩荡荡杀到之时，司马懿部队早已据险而守，司马懿亦如老僧入定一般，对任何叫阵都毫无反应。

司马懿的如意算盘打得啪啪响：“诸葛亮，你跑到上邽撒野，明显是自己粮草不够，对我的麦子觊觎已久。所以我料定你粮草难以为继，我不与你正面交锋，就跟你磨时间，打消耗战，看看咱俩谁能耗过谁！”

诸葛亮是何等人物，一眼便看穿了司马懿的用意，毫不犹豫地下令：“全军听令，撤回卤城。”

司马懿笑了：“你攻我守，你退我围，诸葛亮，我跟你耗定了！”

随即，司马懿大手一挥：“诸将集结部队，向卤城挺进！”

抵达卤城城外，司马懿围而不攻，下令主力在城外山坡扎营，静静观察诸葛亮的一举一动。

这时，张郃又站了出来，再度提议：“我有一妙计，可破敌军。

我们可将主力驻扎在此，同时分出一支精锐绕至卤城后方，对诸葛亮形成合围之势，切断其退路。如此，诸葛亮便成了瓮中之鳖。我们只需要静静地等他们饿死，便可不费一兵一卒大破蜀军！”

司马懿又行使了一票否决权。

一而再地被领导当众否定，张郃脸上挂不住了，他面色难堪。司马懿是懂察言观色的，马上给张郃塞了一个可以立功的任务——让他率军前往祁山，去对付驻扎在那里的王平。此举一来可以安抚张郃，二来又能将他暂时调离，以免他一而再，再而三地建言献策。

那么问题来了，张郃的建议真的不可行吗？

事实上，张郃的想法相当高明。

那为什么司马懿不予采纳呢？

因为司马懿不想打垮诸葛亮，他要诸葛亮好好地活着。

截至目前，司马懿也算为曹家尽职尽责——常有奇策，力挽小狂澜。可是，曹家三代人又是怎样回馈他的呢？

暂且不提过去的那些事儿了，单说此次与诸葛亮对垒，若非曹真、曹休身体不允许，哪里轮得到司马懿执掌军中大权？深谙历史的司马懿自然明了“兔死狗烹，鸟尽弓藏”的残酷现实。只要诸葛亮活着，司马懿就有大展拳脚的机会；倘若诸葛亮一命呜呼，那司马懿离被卸甲或者卸首，就不远了。

这便是司马懿的“养寇自重”的生存之道。

正因如此，司马懿始终坚持亲自与诸葛亮对垒。他既不能真的击溃诸葛亮，又不能让自己的意图过于明显。亲自指挥军队，最能精准把控其中的微妙平衡，这也是他急于将勇猛善战的张郃调离战场的缘由。

不过，这般僵持下去终究不是长久之计。时日一久，诸葛亮或许真如张郃所言，成了瓮中之鳖。因此，司马懿驻兵静候着，等待诸葛亮主动出招，他需要的，是一场名正言顺输给诸葛亮的战斗。

不出所料，数日之后，诸葛亮派遣大将魏延、高翔、吴班分三路出击，而司马懿顺理成章地败给了诸葛亮。

此次失利后，司马懿有了避免与诸葛亮正面交锋的更为充分的理由。之后多次，魏军将士请求出战，都被司马懿一一驳回。甚至以张郃为首的主战派已然当面嘲笑司马懿："公畏蜀如虎，岂不让天下人耻笑！"

然而，司马懿对此充耳不闻。

诸位，如果有人不懂你的想法，你一定要给他们解释清楚吗？如果你对你的想法非常坚定，且自认正确无误，又何必在意别人的评价？你越是想解释清楚，越是急于证明自己，越是希望获得别人的认可，实际上就越是在内耗自己。

眼见司马懿避而不战，而己方粮草消耗严重，诸葛亮只好班师回朝。这时，司马懿亲切地轻拍张郃肩头："张将军，建功立业的时候到了！你即刻率领本部兵马去抄诸葛亮的后路。他此次仓促撤退，你定能攻其不备，大获全胜。如此重要的任务，只有张将军可以胜任！"

我坑张郃，你扳李严

诸葛亮行军打仗有一个特点，就是特别谨慎，其典型标志就是每每引军撤退之时，总不忘在路上布下一道伏兵。谁来追，谁倒霉。

那么眼下,司马懿指派张郃追击正在撤离的诸葛亮,用意很明显，就是想借诸葛亮之手，除掉张郃这个眼中钉。

那么，司马懿为什么一心要铲除张郃呢?

原因有三：第一，张郃不是自己人，他是曹家嫡系军官，是曹真的老部下；第二，张郃有能力，可能会识破并干扰自己的布局；第三，张郃性格刚烈，不容易甚至是不可能被收服。

如果你的领导在你身边安插了一个有能力的心腹，他时不时会跳出来反对你的决策，公然与你叫板，甚至蔑视你的权威并嘲讽你，你会希望他留在你身边吗?

当然，司马懿对张郃既不能明目张胆地打压，也不能草率地搞暗杀。如果监军刚一到战场，人就没了，曹叡会怎么想?因此，最理想的策略就是让张郃在激烈的战场上，最好是在与诸葛亮的交锋中，顺理成章地阵亡。

玩权谋，司马懿向来是个中高手，在借他人之手消除异己方面尤为出色。想当年，关羽不就是被他设计玩死的吗？

不过，张郃可不是酒囊饭袋，他久经沙场且与诸葛亮有过多次交锋，对诸葛亮的习惯招数不说了如指掌，也称得上略有所知，怎会轻易就往司马懿挖的坑里跳？所以当司马懿遣张郃去追击诸葛亮时，张郃明确表示："围师必阙，归师勿遏。"

司马懿并不善罢甘休，立刻搬出了最高军事统帅的身份，以不容置疑的口吻命令张郃执行追击任务。

张郃别无选择，而且，张郃是主战派的代表人物，曾带头嘲笑司马懿龟缩不出，如今司马懿反将一军，遣他出战，不管是顾面子还是顾里子，他都难以推脱。

诚如司马懿所料，诸葛亮果然在一个名为木门道的地方设下埋伏。尽管张郃谨慎再谨慎，依然着了诸葛亮的道，战死沙场。

司马懿闻讯，悲痛万分地为张郃请功。曹叡闻讯后，同样悲痛万分地将张郃的四个儿子均封为列侯。

另一边，诸葛亮也没闲着，回到蜀国后便开始着手对付李严。

据史书所述，诸葛亮在第四次北伐之前，曾嘱托李严在后方操持粮草的筹措与运输，以确保前线战事正常运转。然而，就在诸葛亮与司马懿对峙的紧张阶段，李严却派人飞报诸葛亮，声称粮草已告罄，使诸葛亮不得不撤军。

归朝之后，诸葛亮却惊愕地发现，粮草堆积如山。于是，他找到李严，要求其作出合理解释。李严却颠倒黑白，抢先向刘禅进言，声称自己是故意施计让诸葛亮撤军，以诱使张郃上钩，从而成功诛杀了这位曹魏大将。

诸葛亮也不多说废话，将李严前后书信悉数呈给刘禅，请刘禅明断。刘禅看着不怎么聪明，但也可能是大智若愚，迅速站到了诸葛亮这边，直接将李严贬为庶民。诸葛亮随即力荐李严的儿子李丰，让其接替其父继续主管粮草事宜，并火速将其擢升为江州都督。

这番操作之后，人们对诸葛亮赞誉有加，纷纷盛赞丞相胸襟宽广，不计前嫌，仁德兼备。而李严则在公众舆论中声名狼藉，颜面尽失。

事实上，诸葛亮之所以能够在后世留下如潮好评，凭借的可不仅仅是文治武功。

反观李严，他在这场政治斗争中的表现如同稚童一般，与自己政坛老手的身份完全不匹配，不禁让人疑惑，难道史书美化或隐瞒了什么？

“监军”秦朗的当年事

司马懿班师回朝不久，其麾下杜袭、薛悌二人向他进言：“待到来年春暖花开，春麦金黄之时，诸葛亮势必会再次兴兵来犯。我军当前粮草匮乏，大人您应迅速从各地调集粮草，以备不时之需。”

司马懿听后，轻轻一笑，自信说道：“我敢与二位打赌，诸葛亮近期定不会来。”

杜袭和薛悌面露疑惑。

司马懿解释说：“诸葛亮北伐屡次受挫，多因粮草不济。为确保下次能够稳操胜券，他必定会休养一段时日，积蓄足够的粮草。因此，我断言他三年内不会再挥师北上。”

随后，司马懿上书曹叡，请求调拨一批冀州百姓至陇右地区耕作，同时在前线附近兴建冶炼作坊，大规模制造军械装备。

那么，司马懿的预测是否准确呢？

不得不承认，司马懿对诸葛亮的了解简直令人惊叹。

诸葛亮的第四次北伐于二三一年正式展开，同年结束，而他的下一次北伐，正是在三年后。

二三四年，经过三年的精心准备，诸葛亮再次吹响了北伐的号角。此次，他亲自统领十万大军，浩浩荡荡从斜谷口出发，直取北方。为了提升胜算，诸葛亮还致信孙权，希望他能与己共谋北伐大计，从东线策应，对曹魏形成夹击之势。

农历四月，大军顺利抵达郿县，在渭水南岸的五丈原安营扎寨。司马懿则迅速领军赶至渭水北岸扎营，与诸葛亮形成隔河对峙之势。

面对诸葛亮的一次次挑战，司马懿再次祭出他的拿手好戏——坚守不出，只待诸葛亮的粮草耗尽，迫使其不战自退。然而，就在这个关键时刻，曹叡的圣旨来了。

“爱卿，朕已遣秦朗率两万精锐前去增援，助你一臂之力，祝你旗开得胜！”

司马懿一眼便看穿了曹叡的用意：张郃不明不白地死了，那我就给你派一个新“监军”。

这场权力的游戏，似乎又掀开了新的一页。

谈起秦朗，这可是个有背景的男人。秦朗的父亲叫秦宜禄，曾是吕布麾下的一员战将。传说，秦宜禄受吕布派遣，前往袁术处求救，不料二人竟有了英雄惜英雄的感觉。

酒宴间，袁术招揽秦宜禄：“老秦啊，我一看见你就觉得咱俩投缘，要不你就留下来吧！在吕布那里有什么好的。”

秦宜禄听后，面露正色：“袁公此言差矣，你把我秦宜禄看成什么人了？即便我不喜欢吕布，但我的妻儿尚在他手中。我秦某人怎会做出此等对主不忠、对家不顾之事？”

袁术闻言笑了笑，话题一转，道：“老秦，最近我府中来了一位佳人，我觉得你俩特别有缘。”

说罢，袁术两掌轻拍，只见一名绝色美女从旁侧门帘后婀娜走出。美女径直坐到秦宜禄身旁，秦宜禄顿时两眼放光，血气翻涌，随即改口对袁术道："袁公，刚才秦某只是戏言，其实我早有留下之意。吕布那般小人，根本不值得我为他效力。"

袁术带着笑意追问："那你的妻儿该如何处置？你不是一向很顾家吗？"

秦宜禄此时已将美女紧紧搂入怀中，大笑道："哈哈，男子汉大丈夫，一手拿得起，一手就要放得下！"

就这样，秦宜禄心安理得地留在了袁术身旁，沉溺于温柔乡中，尽情享乐。至于他的妻儿，就被留在了下邳。

后来，吕布袭徐州，刘备抛下老婆和兄弟独自跑路，张飞扎进芒砀山落草为寇，关羽暂且栖身曹操麾下。

再后来，曹操领军打下邳，关羽为报知遇之恩，主动请缨打头阵。出征前，关羽出人意料地来到曹操营帐，双颊晕红。

曹操："云长所来何事？"

关羽："曹公，吕布麾下有一将领，名叫秦宜禄，他与我是同乡。此次攻打下邳，若能成功，关某有一不情之请。"

曹操接过话茬，赞许道："云长果然重情重义，两军阵前还不忘为同乡求情。"

关羽哑口无言了一会儿，脸更红了，鼓足勇气道："实不相瞒，关某此来并非为秦宜禄求情。而是希望曹公在攻陷下邳后，能够将被秦宜禄遗弃的妻子杜氏赏赐给我。"

曹操豪爽地大手一挥："小事一桩！"

然而，关羽对曹操的品行和嗜好持怀疑态度，他时不时跑来叮嘱一下，反倒勾起了曹操的好奇心。

曹操不断安慰："云长大可放心，我老曹不是那样的人！"

下邳攻陷后，曹操第一时间就命人去寻找关羽口中的杜夫人。初见时，简直惊为天人，当初对朋友的承诺在美人面前瞬间烟消云散。

小秦朗便是跟随母亲在曹操身边长大的。或许是因为特殊的成长经历，又或许是继承了其父的禀赋，秦朗自幼便精于揣摩人心，总是能够讨得曹操欢心。因此，曹操对秦朗也是格外宠爱。

秦朗成年后，因为才华并不出众，本事也不大，曹操与曹丕都未赋予他实际的官职，只把他当闲人养着，保他衣食无忧。然而，曹叡登基后，随着曹家老臣的逐渐凋零，秦朗看到了机会。他极力讨好曹叡，最终靠奉迎升任骁骑将军，成为曹叡近臣。

书回当下。却说司马懿与诸葛亮分别在渭水两岸安营扎寨，司马懿采取守势，意图以逸待劳，耗尽诸葛亮的粮草；而这一次，诸葛亮的行为也颇为诡异，他居然也选择按兵不动。

难道这两位高手要打一场心理战？

郭淮才是我想要的那个人

渭水两岸，司马懿与诸葛亮各自扎营，双方军队都暂时偃旗息鼓，形成了一种微妙的对峙局面。

司马懿这么干，不难理解，因为他一向这么干，他最喜欢和诸葛亮打消耗战。但诸葛亮千里迢迢，携带着粮草辎重而来，却也选择按兵不动，着实让人摸不着头脑。

这时，郭淮站了出来，对司马懿说："诸葛亮定是使的障眼法，意在转移我等视线。我细查地图，发现他极可能出奇兵，偷袭我方北原城。若北原失守，那么整个陇道都将为其所控，后患无穷。"

司马懿闻言，忙展开地图细瞧，随即恍然，便嘱咐道："郭将军，劳你即刻率军，务必赶在诸葛亮之前，守住北原，决不能让他得逞。"

郭淮二话不说，领命而去。

问题来了：司马懿此番派郭淮去对付诸葛亮，也是借刀杀人，除掉另一位监军吗？

并不是，司马懿这次是真的希望郭淮能够立下战功。

问题又来了：张郃与郭淮同为曹叡安插的眼线，为何司马懿对二人的态度截然不同呢？

原因很简单。对于那些明确不会与自己站在同一战线上的人，司马懿绝不手软，他会巧妙地利用外部力量对其进行清除；同时，他也需要构建自己的团队，军队中必须有自己的亲信力量，而郭淮正是他渴望拉拢的盟友。

问题还有一个：郭淮究竟有何特质，能够吸引司马懿呢？

这主要有两个原因。

首先，郭淮与司马懿的互动方式与张郃的截然不同。郭淮为司马懿提供的建议，往往是司马懿未曾想到的，或者是他想到但未明确表达的。而张郃，完全不考虑司马懿的感受，多次公然挑战司马懿的权威，甚至威胁到了司马懿精心布置的生存战略。

其次，郭淮的情商极高，懂得如何根据形势做出恰当的反应。这样的人即使拉拢不成，也不会轻易跑去告密。彼此把握距离，心照不宣。而张郃那种一点就着的暴脾气，一言不合就闹得人尽皆知，实在令人烦恼。

举一例，便足以窥见郭淮那超乎寻常的情商。

当初曹丕初登大宝，满朝文武纷纷自各地回京，向新皇道贺。郭淮因为路途之中偶感风寒，延误了行程。当他终于抵达京城，出现在曹丕的宴席上时，登基大典已然落幕，宾客们正觥筹交错，把酒言欢。

曹丕瞥见郭淮推门而入，面带喘息，心中顿时涌起不悦。毕竟，这是他人生中的巅峰时刻，每一个细节都将被载入史册。郭淮的迟到，无疑在这重要时刻投下了一道阴影。

曹丕面色阴沉，对郭淮冷冷地说道："昔日大禹在涂山会盟诸侯，防风氏因迟到而遭诛杀。今日亦是举国欢庆之时，你却姗姗来迟。依你之见，我该如何处置你呢？”

此言一出，满座宾客皆放下手中杯筷，目光齐刷刷地投向郭淮。原本热闹的宴席顷刻间变得鸦雀无声。

郭淮不慌不忙地拭去额头汗珠，从容答道：“臣闻五帝以德化民为先，而夏朝末世方以刑罚治民。臣幸遇陛下盛世，自当免于防风氏之祸。”

曹丕闻听此言，顿时大笑起来，赞道：“哈哈，妙言妙语！快入座用餐，朕岂能不知你非故意来迟？”

众臣见君王由怒转喜，亦随之拍手称赞。

翌日，曹丕即颁布旨意，擢升郭淮为雍州刺史，并赐予射阳亭侯封号。如此，一场可能掉脑袋的大难竟被郭淮轻巧地以典故化解，还成了他升官晋爵的契机。

这一幕，给在场的司马懿留下了极为深刻的印象。如今，司马懿想要拉拢郭淮，便做了个顺水人情，采纳其建议，并对其委以重任。

你，司马懿，不是个男人

郭淮并未辜负司马懿的期望，果然抢在诸葛亮之前抵达北原城。一到北原，郭淮便下令全军加紧挖掘战壕，以巩固城防。然而战壕尚未完工，诸葛亮的大军便已兵临城下。这一情景恰恰印证了郭淮先前对诸葛亮的预判，而司马懿与郭淮的观点不谋而合，使得他们先于诸葛亮掌握了战略优势。

与此同时，东边的孙权依照与诸葛亮先前的协定，也从东线战场发起了对魏国的攻势，以策应诸葛亮的行动。此时，曹叡手下唯有司马懿能够担起御敌大任，但他已在西线战场与诸葛亮对峙。没有办法，曹叡只得御驾亲征。

孙权眼见曹叡亲率主力南下，立刻审时度势，回撤大军。我吴大帝怎么可能为了你诸葛亮，拿自己的家底去和魏国硬碰硬。

诸葛亮抵达北原城后，发现司马懿竟然先他一步派遣郭淮进驻北原，并且又是坚守不出，大为震怒。于是，当即指挥大军攻取北原周边的散关、陇城等几座小城。展示军威后，又原路折返，再次向司马懿驻扎的渭水河畔冲去。

面对如猛虎下山般扑来的诸葛亮，司马懿依然稳如泰山，丝毫不为所动。他提出了“坚守阵地，以静制动”的战略方针，其意图显而易见——对诸葛亮的挑衅置之不理，继续消耗其锐气。

诸葛亮日复一日地派人到司马懿营前辱骂挑衅，这样的辱骂持续百余日之久，然而司马懿却始终按兵不动，仿佛所有的谩骂都与他无关一般。

眼见辱骂无果，诸葛亮改变策略，派遣一名特使前往司马懿营中，与其交涉。司马懿在众将的陪同下接见了这位特使。

特使向司马懿传达了诸葛亮的口信：“我家丞相特意命我送来一份礼物，他说这礼物非常适合您，希望您能亲自打开试用。”

司马懿闻言，微微一笑，回应道：“诸葛丞相刚刚骂了我八辈祖宗百余日，如今又送来礼物，这份厚礼我怎能不收呢？”

在众目昭彰之下，蜀国的特使缓缓打开了那个神秘的盒子，从中取出一套色彩艳丽的女子服饰。

诸葛亮的这份礼物，背后的寓意不言自明：你，司马懿，不是个男人！

司马懿的部下中，已有人义愤填膺，想要拔刀冲向那名使者。司马懿大手一挥：“住手！”

在众人惊讶的目光中，司马懿面带笑意，从蜀国特使手中接过那套衣物。然后在部下们极度尴尬的表情中，司马懿宽衣解带，慢条斯理地穿上了诸葛亮送的女子服饰。

穿戴完毕后，司马懿转向蜀国使者，平静地说：“请回告你家丞相，他的厚礼我收下了，极为合身。”

蜀国使者目睹了这一切，心灵受到了强烈的冲击——究竟需要何等坚定的心志，才能对如此奇耻大辱淡然处之？

蜀国特使返回后，详细地向诸葛亮报告了司马懿的一言一行。听完汇报，诸葛亮半晌无语，只是静静地坐在那里，仿佛被某种深邃的思考所困住。这次，诸葛亮彻底明白，他的对手绝非等闲之辈，而是一位举世罕见的情商巨匠——一个能够自如控制情绪，同时学识广博、精通兵法，且不走寻常路的高手。与这样的人较量，又怎能指望他会轻易踏入你精心设计的布局之中呢？

诸葛亮生出了一种前所未有的无力感。

皇上，请放老臣一雪前耻

随着司马懿持续采取守势策略，日子一长，他麾下的部分将士开始心生不解，尤其是在诸葛亮送来女子衣物进行嘲讽之后。主张出击的声浪日益高涨。

司马懿知道，长期的守势极可能引发军队内部的情绪波动，因此他未雨绸缪，早已构思出应对策略——致信给曹叡，请求他批准自己与诸葛亮展开决战。

在信中，司马懿首先细数了前期坚守不战为魏国带来的种种益处，以及给诸葛亮造成的重重困扰。随后，他提及诸葛亮以女装相赠，意在羞辱，话锋随之一转，坦言自己身为七尺男儿，难以忍受此等侮辱，恳请皇上恩准他与诸葛亮一决高下，以雪前耻。

诸位，倘若你是曹叡，又会如何抉择，是否会应允司马懿的出兵请求呢？

司马懿的书信逻辑清晰，让人一看就知道，坚守不出对国家是有益的；而出击迎战，虽然能够泄他个人之愤，但对于国家而言，却未必是最佳选择。

曹叡迅速回应司马懿，严令禁止他出战，同时勉励他应为国家整体利益忍辱负重。为了防止司马懿在盛怒之下贸然与诸葛亮交锋，曹叡还特地派了一位名叫辛毗的使者，命其手持御赐的节杖，前往营地对司马懿进行约束。

节杖，即代表曹叡亲临，辛毗持杖时所发出的命令，具有无上权威，任何违抗者都将受到严厉的惩处。

随后的情节变得颇为有趣。

辛毗抵达司马懿大营不久，诸葛亮再次派人至阵前挑衅。司马懿这一次被“激怒”了，披挂上马，就要带着部队出去和诸葛亮拼命。然而，就在千钧一发之际，辛毗急匆匆地赶到司马懿面前，高举节杖，向全军宣告：“皇上有旨，严禁任何人出兵，违者定斩不饶！”

司马懿听闻此言，带着一脸的愤恨遵旨回营。自此以后，军中再也无人敢提及出兵之事。

此事很快便传到蜀国，姜维知道以后，随即向诸葛亮汇报情况：“曹叡已派辛毗去约束司马懿，司马懿差点中计，硬是被辛毗拦了下来。现在看来，他更不会轻举妄动了。”

诸葛亮闻言，摇头苦笑：“你还是太年轻了，看不透司马懿。想当年，司马懿在擒拿孟达时，可是果断决绝，先斩后奏。如今，他又怎会变得如此优柔，大小事务都要向皇上做个禀报？其实，司马懿本就无心战事，此举不过是为了平息军中的异议，同时在皇上心中塑造一个忍辱负重的忠臣形象。”

言罢，诸葛亮即刻下令，让士兵们就地开荒，以备长期驻扎之需。这一次，他决心与司马懿打持久战。

在此期间，司马懿的弟弟司马孚致信询问其兄安危。司马懿对亲人无须隐瞒，于是在回信中坦言：“诸葛亮虽胸怀壮志，却不善于把握时机；虽谋略过人，却缺乏决断力；虽善于用兵，却不擅长随机应变。他即使率领十万大军，也已落入我设下的圈套之中。击败他，已是指日可待。”

老夫掐指一算，诸葛亮死期到了

转眼间，秋季已至，诸葛亮对于这种漫长的等待和无果的消耗实在难以忍受，于是再次遣使前去挑战。

使者抵达司马懿营帐，替诸葛亮下了挑战书。然而，司马懿却对战事避而不谈，反而将话题转到了诸葛亮身上："贵国的丞相，近来身体状况如何啊？"他的语气仿佛是在询问一位久别的挚友。

使者回应道："还算可以。"

司马懿接着说道："我比诸葛丞相年长两岁，今年五十六，他也已经五十四了。我们两个老头子还在为国家奔波，不容易啊！"

使者颇为意外："没想到司马公也喜欢感慨人生。"

司马懿叹道："不服老不行。我近来饭量大减，以前几大碗米饭下了肚还饿，现在才吃一半就没了胃口。你们家丞相食欲如何？"

使者叹了口气，说道："丞相以前的饭量还算不错，可现如今却大不如前了。他夜以继日地为国家操劳，这种精神实在让人敬佩！"

司马懿听后，故作惊讶地问道：“诸葛丞相的事务如此繁忙吗？”

使者点了点头，回答道：“我们丞相勤勉至极，事无巨细，事事躬亲，重罚之事更需他亲审。他常工作至深夜，审阅文件无数。丞相在我们心中，就是精神楷模。”

这段聊天看似像唠家常，实则司马懿是在巧妙探询诸葛亮的生活与健康状况。使者离去后，司马懿脸上的和蔼瞬间消失，眼神变得锐利起来，他冷冷地对身边人说：“诸葛亮的日子不多了。”

周围的人闻言都露出了惊愕的表情，不明白司马懿为何会突然这么说。

司马懿并未多作解释，只是继续保持他的策略——闭门不出，继续与诸葛亮作消耗战。果然，不出一个月，这位备受时人敬仰的一代名相，就在无尽的忧郁与无奈中，病逝于五丈原的军营之中。

为了不惊动司马懿，蜀军将士决定秘密分批撤离。然而，消息仍旧传到了魏军耳中，司马懿迅速下令追击。

蜀将杨仪负责善后，眼见司马懿的追兵逼近，当即摆出反击的架势。司马懿则以“穷寇勿追”为由，命令部队停止追击。

其实，原因依旧，司马懿并不希望蜀国彻底覆灭。毕竟，只要魏国还有外敌存在，他司马懿就能继续受到重用，不至于被卸磨杀驴。

当时，由于司马懿未与杨仪交战，坊间流传起了“死诸葛走生仲达”的调侃。意思是说即便诸葛亮已逝，其威名仍足以震慑活着的司马懿，暗指诸葛亮之强大与司马懿之懦弱。

司马懿听闻此语，不禁失笑，回应道：“我善于揣摩活人的心思，却不擅长预测人的生死。”他的语气中带着些许自嘲，内心却充满自信。谁才是真正的高手，他在之前给弟弟司马孚的信中已经阐述得非常清楚。对于那些不理解他的人，他懒得解释，只是顺水推舟地逗他们开心罢了。

次日，司马懿领着众人亲临诸葛亮的营地，边走边向众人赞叹：“诸葛亮，真乃举世无双的奇才啊！”

说者有心，听者会意。司马懿是在向曹叡传递这样一个信息：即便我赢了诸葛亮，也决不会矜功自傲，决不会思想膨胀。其实我战胜诸葛亮，不是因为实力有多强，而是因为运气好。要不是他恰巧在这个时候病死了，谁胜谁负很难说。

诸葛亮的死讯传开以后，司马懿故意修书一封给曹叡，请求曹叡允许他挥师征讨蜀国，他要把之前所受的耻辱一并给蜀国送回去。曹叡回绝了他的请求，并期望他能放下个人恩怨，以国家大局为重。司马懿则“无可奈何”地表示，愿为国家利益忍辱负重，暂缓对蜀国的报复。

显然，司马懿又是做戏给曹叡看。曹叡是个雄主，他司马懿能够想到的，曹叡恐怕也能想到。那么与其让曹叡怀疑他养寇自重，故意放纵蜀国，不如反其道而行之，主动提出出征请求。如此一来，即便不能打消曹叡的全部疑虑，起码也能给他的猜忌打个折扣。

自此，司马懿与诸葛亮这对冤家对头之间的争斗，终于有了一个并不激烈但很精彩的了结。

那么，诸葛亮死后，司马懿是不是就可以刀枪入库，得以清闲度日了呢？并没有。

司马懿成功耗死诸葛亮以后，蜀国的确已再无大才能够与魏国抗衡，这时的蜀国不足为虑。但恰在此时，魏国的东北边境又生出了事端。

于是乎，我们的主人公司马懿，便自西南战场马不停蹄地转战东北战线。这一次，他没有再龟缩，而是开启了一段血淋淋的杀伐之旅。

第七章

兵者诡道：血洗辽东，待罪舞阳

辽东之战，司马懿一战封神。他的作战计划，可以明确到每一个战斗节点，预算到所有意外风险。原本瞬息万变的战争，在他的强力掌控下，竟如同被精心编排的计算机程序，每一步都未能跳出他的设定。这一战，更使得司马懿在曹魏政权中的声望如日中天，他成了政治与军事上无人能望其项背的存在。

上位者，公孙渊

东汉末年，群雄并起，军阀混战。在辽东一隅，有位军阀名叫公孙度。此人原本只是汉朝的一名底层官员，然而时来运转——董卓篡权得势之后，便开始大规模更换各地太守，提拔新人，以图巩固自己的势力；在这样的背景下，公孙度经人举荐，一夜之间便从籍籍无名的小官跃升为辽东太守。

公孙度上任后的所作所为，说明他此前的确是一个怀才不遇、被严重低估的人才。执掌辽东后，公孙度立即执行"刑乱国用重典"的古训，对不法行为毫不留情，对地方豪强势力亦毫无畏惧，对作奸犯科者不论身份，坚决予以打击。很快他便在辽东地区树立起了自己的威望，势力也逐渐壮大起来。

然而，天下形势风起云涌。就在公孙度准备向董卓献上一份耀眼的政绩单时，中原各路诸侯已然联手讨伐董卓。虽然现在我们知道，关东诸侯们不过是雷声大雨点小，但在时人看来，一场世纪大战仿佛已经刻不容缓。

头脑聪明的公孙度立刻意识到，董卓并不是一个坚实的靠山。

加之中原战火纷飞，无人顾及东北边陲，于是他索性自立为辽东侯，成为割据东北的一方霸主。

诸位，在这里，容某多说一句。现实非常残酷，这个世界上没有谁会成为我们坚实、坚定的靠山，事实上人们来来去去，真正能够依靠的只有自己。当人生遭遇变数时，不要总想着谁能拉我一把，谁能扶我上青云。我们应该扪心自问："我能做什么，我会因此得到什么？"自己的未来，只能靠自己去努力。

不要把过多的希望寄托在别人身上，人性里有自私因子，也没有人能够做到一直帮助你，一直为你保驾护航。所有外来的赠予，在你陷入低迷之时，都有可能突然远离你。所以人要学会自己给自己温暖和力量，遇到困难不要沮丧，不要灰心丧气，不要焦虑抑郁。人越孤单，越要学会坚强。

其实，每个人都可以成为自己的救世主，每个人也都应该成为自己的救世主。当情势出现变故，多问问自己："我应该怎么办？我能够怎么办？我必须怎么办？"如果你能对这些问题做出精确回答，并杀伐果断地着手解决，那你就是自己的救世主了。

公孙度一度兵指高句丽，又向西进军，痛击乌桓，更南下掠取辽东半岛，甚至跨越渤海湾，将胶东半岛北部的东莱诸县也纳入自己的版图。

对外，公孙度积极扩张；对内，公孙度亦不遗余力。他求贤若渴，广纳英才，又创立学馆，努力推动教育事业的发展。此外，他还颁布了一系列政策，吸引四方流民前来辽东安家落户、勤劳耕作。由此，他的势力日益壮大，成为东北地区名副其实的主宰，如日中天的"东北王"。

可惜，天公不作美，公孙度在二〇四年溘然离世。其子公孙康继承家业，继续统治辽东。

公孙康也是个聪明人。

建安十二年（207 年），曹操亲自出马，征讨乌桓。到了农历八月，在白狼山一战中，曹操将乌桓和袁尚的军队打得丢盔弃甲。袁尚看架势不妙，转身去投奔他的二哥袁熙。结果两兄弟又败了一仗。中原已无立足之地，两人只能狼狈逃往辽东，希望得到父亲故友公孙康的庇护。

路上，袁尚对袁熙说："咱们到了辽东，公孙康肯定会以礼相待。到时候，我亲手宰了他，然后咱们兄弟占据辽东，扩充实力，东山再起。"两兄弟都觉得此策甚妙，就这么愉快地决定了。

不过，公孙康可不是吃素的。袁氏兄弟二人一到辽东，就被刀斧手绑了起来，之后头颅还被传送给了千里之外的曹操。

那么，公孙康为什么要斩二袁呢？有两个原因。

第一，他要向曹操示好，对曹老板表示"我很听话，很识相，我以后唯曹老板马首是瞻，还望您高抬贵手"。

第二，那时候人们升官发财，壮大事业，很大程度上要拼爹、拼家族力量。二袁兄弟虽然成了丧家犬，但他们家的老朋友可不少，在辽东避难的中原人里也有不少袁氏家族的拥趸。所以，他们到了辽东，即便寄人篱下，影响力仍然不容小觑，有一定概率会鸠占鹊巢或是二日并立。

那么与其陷入被动，不如先下手为强。干掉二袁兄弟，不仅能够消除隐患，还能向挟天子以令诸侯的曹操示好，从朝廷那里捞点好处。可谓一举两得。

公孙康因而授任襄平侯，封左将军。

当时，高句丽渐渐起势，他们的时任领袖叫伯固，是一个野心大于实力的男人，一心想着扩张势力。为此，他大肆接纳那些逃亡的胡人，还时不时发兵骚扰辽东，给公孙康找不痛快。

公孙康虽然害怕曹操，但面对高句丽这样的角色，还是没有多少顾忌的。于是迅速集结大军，对高句丽发起了猛烈攻势。一战之下，公孙康便攻破了高句丽的都城，狠狠出了一口恶气。

伯固的长子叫拔奇，因为某些原因没能被立为继承人，心里一直憋着气。现在看到公孙康这么厉害，干脆就带着三万多人向公孙康投诚，公然和自己的老爹分了家。这一来，公孙康在辽东的势力愈发强大起来。

若干年后，公孙康离世，他的两个孩子公孙渊与公孙晃年纪还小，出于统治地方的需要，辽东官员们便推举公孙康的弟弟公孙恭接掌辽东太守之职。这实际上是叔叔从侄子手中抢过了权杖。

曹丕篡汉后，为了进一步获得天下人的认可，便努力拉拢辽东，任命公孙恭为车骑将军，封其为平郭侯，并且追封已经去世的公孙康为大司马。

不过，相较于父亲和哥哥，公孙恭却显得过于仁慈了，缺乏那种成就大业者所必需的决绝与冷酷。据史书所载，他可能是遇到了医术不精的医者，从而失去了男性应有的阳刚之气。总之，他未能认真对待可能会对自己构成威胁的两个侄子。

数年后，公孙渊长大成人，基因里携带的桀骜与狠戾，使他绝不甘心就此雌伏。

这时，公孙恭的身体已经每况愈下。他整天病恹恹的，压根就没有精力去治理辽东。公孙渊瞅准时机，将公孙恭囚禁起来，自己取而代之。

虽然辽东出了内乱，但在曹丕看来，谁来当这个太守都无所谓，只要你能安分地待在那里，做你一亩三分地的土皇帝，不给我添乱子就可以。于是，他干脆正式册封公孙渊为辽东太守，还额外加了个扬烈将军的头衔。

结果，曹丕册封公孙渊后不久，人就走了，正式的任命文书还没有下达。

玩了一辈子鹰，反被鹰啄了眼睛

曹叡继位后，出于稳定政局的考虑，继续对辽东实行怀柔纵容策略，并以官方的名义，正式发布公文，确认公孙渊为新一任辽东太守。

公孙渊却嗤之以鼻：你曹叡乳臭未干，也配封我？

年轻气盛的公孙渊心里有一个非常伟大的梦想——挥师南下，直取中原，建立大一统王朝，让整个华夏都姓公孙！

不久，公孙渊便修书一封，致意孙权。信中，他竭尽所能地倾诉对孙权的崇敬之情，同时流露出对曹叡的轻蔑之意。更表示如果条件允许，他愿意向孙权俯首称臣，携辽东归附于孙权麾下。

孙权阅信后，夜里笑醒了好几回，迅速以“吴大帝”的姿态，册封公孙渊为燕王。

而后，孙权派遣使者，携带着丰厚的金银财宝与册封圣旨，沿海路辗转至辽东，准备为公孙渊举办一场盛大的册封大典，让天下人看看他吴大帝的威仪。

谁也没想到，公孙渊在收下孙权的厚礼后立刻翻脸，当即下令斩杀东吴来使，并将这些人头作为投名状，献给了曹叡。意思是说：孙权那家伙心怀鬼胎，想要暗中离间我们，但我们辽东对陛下您是绝对忠诚的！这招可够损的。

孙权大半生都在玩弄心计，给别人设局下套，如今竟被一个初出茅庐的年轻人狠狠地摆了一道，说不窝火是不可能的。这件事对他来说伤害性确实不大，但侮辱性特别强。然而，他也无可奈何。毕竟公孙渊远在辽东，而他的水军再强悍，也不可能从东南沿海开到渤海湾去打仗。这个哑巴亏，吴大帝吃定了。

不难想象，孙权在家中定是气得暴跳如雷，破口大骂："公孙渊，我早晚要让你付出代价的！"

另一边，曹叡在收到孙权特使的人头后，觉得有必要对公孙渊表示一下。于是加急册封公孙渊为"乐浪公"。这个封号很有趣，说白了就是，你是一个喜欢浪的男人。

为了表达重视，或许也是为了揶揄孙权，曹叡也派遣特使带着丰厚的礼物和圣旨前往辽东，准备大张旗鼓地册封公孙渊。

魏国特使抵达辽东后，在使馆内安顿下来，静候公孙渊前来领封。这不是高傲，而是规矩，携圣旨如同天子亲临，地方官员理应虔诚拜见。

结果左等右等，魏国特使也没有等到公孙渊庄重盛大的迎接队伍，反倒等来了一群凶神恶煞的士兵。随后，公孙渊大摇大摆地从军阵中走出，冲着馆内惊慌失措的使者大喝一声："赶紧给老子滚出来，老子要接旨！"

使者战战兢兢走出使馆，硬着头皮对公孙渊宣读了曹叡的圣旨，并完成了册封仪式。在此过程中，公孙渊满口污言秽语，对曹叡指名道姓肆意侮辱，其言辞之粗鄙简直儿童不宜。

使者归朝后，将在辽东的遭遇原原本本地禀告给曹叡，曹叡听后龙颜大怒。

旋即，曹叡委派毌丘俭率一队精兵，手持书信，前往辽东传召公孙渊进京请罪。这实际上是给公孙渊下达了最后通牒：若你能够认识到自己的错误，过来给我虔诚道歉，我们或许还可以心平气和地坐下来聊一聊；如果你敬酒不吃吃罚酒，咱们就用实力说话吧！

公孙渊心里想的就是与曹叡掰一掰手腕，听闻毌丘俭来辽东问责，二话不说，带上兵马就打。兵力悬殊，毌丘俭哪是公孙渊的对手，只得狼狈奔逃。

击退毌丘俭后，公孙渊自称燕王，设立百官，构建了一个相当完备的政权体系，彻底脱离曹魏政权。

为了扩大势力，公孙渊甚至派遣使者，带着符节，给周边的鲜卑等少数民族首领封爵，企图拉拢他们一同反抗魏国。

曹叡眼见局势失控，无奈之下，只得急召远在西南收拾残局的司马懿回朝。

剑指辽东，刻不容缓！

反向拿捏，绝不能走白起的老路

二三八年初，曹叡急召司马懿归朝，共商辽东事宜。

一见司马懿，曹叡便开门见山："公孙渊在东北兴风作浪，依爱卿之见，他能翻起多大的浪？"

司马懿微微一笑，从容分析："倘若他得知我率军亲征，闻风而逃，那是他的上上之策；倘若他倚仗辽河之险与我周旋，也算他的中策之选；倘若他执意死守襄平老巢，意图负隅顽抗，那就是下下之策了。"

曹叡好奇追问："那依爱卿之见，公孙渊会怎么选？"

司马懿胸有成竹："以我对公孙渊的了解，他必定会选下下策。此人的能耐，我心中有数。"

曹叡仍有些不放心，继续追问："既如此，那你预计多久能够凯旋？"

司马懿略一沉吟，说道："前往辽东，行程约需百日；作战百日可定胜负；战后休整六十日；再花百日班师回朝。如此算来，一年光景，老臣即可回来面见陛下了。"

这话就好比我坐两个小时飞机去帮你解决公司的重大难题，半小时搞定，之后再休息一天，第二天再坐两个小时飞机回家。对于一向稳重谨慎的司马懿而言，能够说出这样的话，算是相当“嚣张”了。

出征前夕，司马懿顺带提起了另一桩心事：“陛下，您如今居住的宫殿环境欠佳，这确实是我的失职。然而，眼下我们即将征讨公孙渊，百姓们已经为了战事竭尽财力和人力，他们疲惫不堪。陛下是否能考虑暂停宫殿的修建，等日后再从长计议呢？”曹叡听后，点头应允。也许站在司马懿的角度，于国于民，这才是当务之急，至于收拾公孙渊，只不过是顺手解决的小事罢了。

与曹叡商议完毕后，司马懿一刻不停，立即返家打点行装，准备领兵出征。他启程那天，家人们跟随至城门，依依惜别之时，司马懿突然止步，说道：“此情此景，我真想吟诗一首啊！”

众人闻言，迅速备好文房四宝。司马懿在路旁即兴挥毫，赋诗如下：

天地开辟，日月重光。
遭遇际会，毕力遐方。
将扫群秽，还过故乡。
肃清万里，总齐八荒。
告成归老，待罪舞阳。

不得不说，这首诗气势磅礴，与司马懿平日里慎独慎微的性格多少有些出人。

诗的前四句，字里行间流露出的，都是司马懿对征战沙场的满腔热血与坚定信念。然而，末尾一句却画风突转，表示自己若凯旋，便打算解甲归田，随时准备领受朝廷的问罪。

这难免让人摸不着头脑，仗还没打，怎么就先考虑起回朝后领受惩罚呢?

不得不说，这正是司马懿的过人之处。

此前，司马懿与诸葛亮展开了一场旷日持久的较量，最终将这位蜀汉“擎天柱”成功耗死。此后蜀中无大将，廖化作先锋，再也无人能像诸葛亮那般乾纲独断挥师北伐。蜀汉只能偏安西南一隅，苟延残喘。这也许并不是司马懿的本意，但无疑是司马懿的盖世功绩。

西南边陲的尘埃刚刚落定，他又被曹叡指派去对付东北的公孙渊。若再度将此人拿下，彻底平定辽东祸患，司马懿的军功章势必要无比闪亮，足以使其留名青史。

但如此一来，就避免不了功高震主，曹叡对他不会更加倚重，只会更加忌惮。同时也必然会招致同僚们的嫉妒，暗中使坏、诬陷弹劾在所难免。这对司马懿而言，可不是什么好事。因此，在出征前，司马懿主动高调表态：我只想为国效力，并无贪功之心，诸位请把心放在肚子里吧。

另一方面，司马懿人未出师便向世人发出了这样一个信号：我要去为国家打仗了，可我打完仗回来，等待我的很可能是责难与处置，至于什么原因，大家都懂。

如此一来，曹叡就算心中再想处置司马懿，但为了自己的羽毛，也不好轻易向司马懿下手了。

若非如此，倘若司马懿在荡平公孙渊之后才抛出这番话，那么在回师途中，说不定曹叡的杀招已然悄悄为他布下。司马懿历史学得很不错，他可不想一凯旋就去和韩信一起学习“论一个下属的自我修养”。

任他森严壁垒，我却纵马卧槽

司马懿统帅四万精锐，于二三八年初正月浩浩荡荡踏上征途，历经数月跋山涉水，终于踏上了辽东大地。

公孙渊听说来的不是曹叡，而是司马懿，吓得如无头苍蝇一般手足无措，胡乱去抓救命稻草。他又修书一封加急送给孙权，对自己先前的所作所为深表歉意，态度十分诚恳，语气格外谦卑，又急切地央求孙权火速派兵救援。

孙权收到信后，心中那叫一个痛快，当即回信一封，内容简洁明了："司马懿用兵如神，所向披靡，吾弟处境，为兄担忧不已。加油哦，公孙老弟！"公孙渊见信后，恼羞成怒，直气得跳脚大骂。

外援无望，公孙渊也只好展开自救。他命人在辽水河畔筑起长达二十里的围壕，试图利用地理优势，阻挡司马懿大军逼近。

但是，公孙渊想多了，区区围壕就想阻挡司马懿的铁甲精锐？魏军一路势如破竹，不久便抵达辽东，渡过辽水，兵临辽隧城下。先锋牛金见城池坚固、守军严阵以待，自己屡次挑战也无人回应，敌方抱定了坚守不出的态度，他只得向司马懿禀报。

司马懿闻言冷笑一声——这都是我玩剩下的，遂命令牛金在城下安营扎寨，持续叫阵，以作声势。自己则声东击西，亲自率领大军，悄悄从北面乘舟渡河，绕开正面防线，直取敌军老巢襄平。

众将听闻司马懿的部署，非常不解，疑惑问道："我方大军已然压境，摧一城如以石砸卵，何不乘胜追击，直取辽隧？为何要舍近求远，耗费军力奔袭襄平呢？"

司马懿娓娓道来："那辽隧的守将卑衍与杨祚，均非等闲之辈，带领精兵强将据守坚城，不与我军正面交锋。其意图明显，是想以高城深垒消耗我军士气与粮草。若我军强行攻城，恐怕伤亡惨重，劳而无功。行军打仗，要讲究因势制宜，我们不能被敌人牵着鼻子走。既然公孙渊将强将重兵屯于此处，那么其老巢襄平定然外强中干，这是给我们机会乘虚而入。我军应避其长，攻其短，直取襄平。如此一来，公孙渊势必阵脚大乱，辽隧守军定然会被调度起来，紧急回防。届时，我军于路中设伏，便可一举将其歼灭！"

众将领闻言，醍醐灌顶，各自领命而去。

辽隧城内，卑衍与杨祚见魏军被自己挡住，甚感得意，二人对饮庆祝，谈笑间显得格外轻松自在。

"倘若魏军胆敢进犯，"卑衍豪言，"我等便深沟高垒，以弓箭炮石应战。魏军远道而来，粮草难以持久。待其粮尽自会撤退，届时我等再出奇兵追击，何愁不能生擒司马懿？"

"所言极是，"杨祚附和道，"想当初，司马懿在渭南坚守不战，终将诸葛亮逼入绝境。今日情形恰似当年，只不过这次司马懿恐怕要步当年诸葛之后尘了！"

二人正喝得高兴，探马匆匆来报，魏军大队人马正朝北方行进。

杨祚仍是一副轻松模样，笑道："司马懿倒也算聪明，见我们城池防线无懈可击，便另寻他处去折腾了。"

然而卑衍却面色骤变，惊声道："你怎如此糊涂！司马懿实乃高明，他这是要跳马卧槽，直取我们的大本营。襄平兵力薄弱，若有闪失，我们坚守此城又有什么意义？"

杨祚恍然大悟，自责道："我怎会如此愚钝？司马懿绕道而行，意在断我们后路，将我们置于绝境。我们若仍坚守此地，不等敌军粮尽，我们自己反而先坐吃山空，最终只能束手就擒。还等什么？必须立刻回援襄平！如若襄平反应迅捷，或许我们还能与襄平形成前后夹击之势，反将司马懿围而歼之。"

两人一番商议后，自以为计策得当，于是急忙派人向公孙渊报信，同时秘密调集兵马，悄无声息地出城驰援襄平。

此时的司马懿正率领部队艰难跋涉，突然接到后方哨探的报告：辽隧敌军已经出动。

司马懿轻蔑一笑，嘲讽道："这卑衍还真是体贴，知道我行军路上孤单，特意送上门来让我消遣。"随即令夏侯霸与夏侯威各率一支队伍，埋伏在辽水岸边，只等辽东兵马一到，便暴起夹击。

卑衍和杨祚紧追至辽水，忽然间，一声震耳欲聋的炮响划破天际，两侧同时擂鼓摇旗，声势震天。夏侯霸从左侧杀出，夏侯威则从右侧突袭。卑衍和杨祚大惊失色，摸不清两侧魏军的底细，只得慌忙向前逃窜。此时，前方的司马懿调转马头，率军回击。辽东兵马在魏军三面夹击之下，瞬间土崩瓦解，士兵们四散而逃，死伤惨重。

卑衍和杨祚奋力突围，带领残兵败将逃至襄平城外的首山。在那里，他们与出城支援的公孙渊汇合，重整旗鼓后返身杀回。

卑衍冲锋在前，试图将功补过，他朝着迎面杀来的夏侯霸高声挑衅：“汉贼，别要花招！你可敢与我正面一战，决个高下？”

夏侯霸听了这话，顿时火冒三丈：“你这败军之将，不乖乖下马受缚，还想让我亲自动手收拾你吗？”说完，策马扬刀，直取卑衍。两人交战数个回合后，夏侯霸斗志愈发昂扬，他故意卖个破绽，一刀将卑衍斩于马下。

主将一死，辽东兵马士气大挫，阵脚大乱。公孙渊见状，急忙鸣金收兵，引众将败退至襄平城内。

司马懿指挥大军紧随其后，将襄平城团团围住。这一战，不仅打破了公孙渊凭辽水阻击魏军的中策，更迫使他转入被动防守襄平的下策。公孙渊从此陷入了孤军无援、粮草不继、坐以待毙的绝境。

我擒公孙渊，如瓮中捉鳖

时逢九月，秋雨不断，辽东的气候已显寒冷。魏军将士们身着湿透的战袍，在秋风中瑟瑟发抖。将领们纷纷请愿，希望司马懿尽快下令攻城，大家好早点凯旋，免得继续在这个鬼地方活受罪。

然而，司马懿却在中军帐中稳坐如山，他不紧不慢地分析道："此刻攻城，有三大不利因素。首先，敌军本土作战，军力占优，而我军兵力相对较少。其次，敌军城池坚固，护城河既深又广，而我军的攻城器械并不完备。最后，连日的降雨给攻城作战带来了诸多不利因素。现在的局势，颇似昔日与诸葛亮在五丈原对峙时的情景，我们更适宜采取持久战策略。但这样的对峙也不会太长久。敌军人数众多，消耗甚大，孤城之中的粮草储备必定难以长期维持。而我军虽然兵少，却拥有充足的粮草供应。只要我们长时间围而不攻，敌军必将因缺粮而军心涣散。待到雨停之后，我们便可一举取胜。"

将领们听完司马懿的分析，虽然持保留意见，但也只能默默返回各自的营帐。

数日之后，大雨倾盆，辽河水位猛然暴涨，连平地上都积起了三尺深的冷水。将士们苦不堪言，怨声载道，纷纷请求迁移营地以防水患。

此刻，襄平城内的状况更严重。辽东士兵们不仅要忍受冷冷的冰雨在脸上无情地拍，还因粮草短缺而饿得哭爹骂娘。孤城之中，饥饿与疾病并行。有些胆大的将官背着公孙渊，在夜间悄然派人出城打柴狩猎，或是偷运些粮米回来。

城外的魏军迅速察觉，立刻报告给司马懿。司马懿要求军士们睁一只眼闭一只眼，对他们的行动不加阻拦。

辽东士兵们尝试了几次后，发现魏军并无反应。这难道是老天在帮自己，实施了障眼法？又或者魏军也被这连绵的大雨消磨了斗志？公孙渊得知此事后，仿佛看到了一线生机，于是命令全城军民节衣缩食，继续坚守城池，等待时机。

而在魏营中，将士们看着主帅司马懿整日在帐中下棋聊天，既不移营防洪，也不谈论攻城之事，甚至对辽东士兵出城打柴狩猎视若无睹，心中满是疑惑，却又不敢多问。

这日，司马懿又在帐中摆开了棋盘，向两旁站立的将官们询问道："今日谁来与本帅对弈一局？"

无人应声。

司马懿环顾四周，正欲再次发问，突有军士来报，说城中有人逃出来求见都督。

"传他进来。"司马懿淡淡地说道。

来人踏入营帐，即刻双膝跪地，放声大哭："恳请都督为我主人复仇！"

"你主人是何人？"司马懿平静地问道。

“我家主人乃侍中贾范。”来人哽咽着回答。

站在一旁的军司马陈珪插话道：“都督，我对贾范贾侍中有所了解。”

司马懿微微点头，示意来人继续陈述。

“小人原是贾府的厨子，此次借着出城打柴的机会，来见都督。”来人继续说道，“我家老爷因反对公孙渊的叛乱计划而惨遭杀害。求您尽快发兵，为我家老爷报仇雪恨啊！”

司马懿眉头微皱，进一步询问道：“那么，依你所见，城中现在情况如何？”

来人叹息道：“城中的军民们饥寒交迫，现在怨言四起，甚至有人扬言要诛杀公孙渊。”

“城中的粮草确实已经断绝了吗？”司马懿追问。

“确实断绝，绝无虚言！”来人斩钉截铁地回答，“现在家家户户都把桌椅拆了当柴烧，能吃的东西全都吃光了，连狗都被杀得一干二净。有些叛军甚至偷偷地杀马充饥。”

司马懿听后，沉思片刻，随后命人取来粮食、肉食和蔬菜，交给来人。

来人离开后，军司马陈珪终于按捺不住，他猛地按住棋盘，急切地问道：“都督，下官心中有个疑问，如鲠在喉，不说不快。”

司马懿轻轻地挪开陈珪按在棋盘上的手，一边摆弄着棋子，一边淡然地说道：“有何疑问，直言无妨。”

陈珪此刻神情严肃，全无笑意，郑重说道：“下官有一事不明，想向都督请教。昔日孟达复叛投蜀，都督您亲自率领大军，分八部并进，以迅雷不及掩耳之势奔袭上庸，昼夜兼程，急攻猛打。仅仅十多天便攻破了坚城，生擒了孟达。然而如今我军长途跋涉来此征战，却不见都督速战速决，反而在此地停滞不前，任凭秋雨连绵，甚至还纵容敌军出城打柴狩猎。下官实在不解都督的用意，恳请都督指点迷津。”

司马懿放声大笑，戏谑道：“你这位军司马，还不懂兵法的奥妙啊。想当年，孟达叛乱，对方有足够维持一整年的粮草，然而兵力不足。而我方兵力是他的四倍，但粮草却仅够支撑短短一个月。从兵力上看，我方占尽优势。但从粮草角度来看，我军若不能在一个月内结束战斗，等到诸葛亮大军围上来，我们必死无疑，所以必须速战速决。如今的局势恰恰相反。公孙渊军队的兵力是我们的四倍，但他们的粮草却远远不及我们。再加上这连绵不绝的阴雨，实在不利于展开攻势，我们又何必急于求成呢？我故意睁一只眼闭一只眼，让他们自由出城打柴狩猎，实则是为了迷惑他们，给公孙渊一种我军对坚固城墙束手无策的错觉，使其安心在襄平城内苟延残喘。他们出城打柴狩猎，偷偷摸摸、三三两两，所获得的补给也只是杯水车薪，难以解决根本问题。兵法有云，‘兵者，诡道也；战者，逆德也。善因事变’。指挥作战需灵活多变，根据实际情况调整策略。有时需勇猛果敢，有时则需智取巧胜，切不可一成不变、照搬照抄。若我们现在贪图小胜而贸然进攻，他们必定会负隅顽抗、拼死一搏。我们就算取胜，也会造成一定量的伤亡，实在没有必要。因此，我们不如养精蓄锐、静待时机。我观察星象，推测七八日后天气必将放晴。到那时他们已是饥寒难耐、疲惫不堪，此时再攻城，定能轻松拿下公孙渊。”

司马懿一番高论，说得众将领喜笑颜开，大家纷纷竖起大拇指赞叹：“真没想到，都督您早已运筹帷幄，决胜千里了！”

紧接着，司马懿下令，让夏侯威带领五十名骑兵，悄无声息地劫持了十几个出城砍柴的辽东士兵。他让这些辽东士兵脱下湿透的衣物，在火堆旁取暖。同时，挑选十几名精锐士兵，让他们换上辽东士兵的衣服。这十几名精锐士兵扛着柴草，悄无声息地混进了城中，藏匿在贾范的府邸里，作为内应。之后，司马懿又释放了那些辽东士兵，还赠送他们柴米，让他们返回城中。

夏侯威对此感到困惑，问道：“让他们回去，我们的弟兄岂不是会暴露？”

司马懿笑着解释道：“他们一是不敢去报告，因为既被我军抓获，少不了一番盘问拷打；二是即便他们真的去报告了，我估计等公孙渊找到咱们弟兄的时候，城池已经被咱们攻破了。”

落星处，必拿贼首祭军旗

此时的襄平城已被司马懿的重兵紧紧围困。时光流逝，城内存粮已然告罄，饥饿难耐的民众甚至出现了自相残杀、以人为食的惨状，情景之凄惨，令人不忍直视。

数日后天公作美，连绵的阴雨终于停歇。晴空之中，一条绚烂的彩虹横跨天际，似乎在预示着什么。魏军大营之中士气高昂，众将士跃跃欲试，只等司马懿一声令下，便可直取襄平。

夜幕降临，司马懿抬头仰望星空，忽见大如斗的流星拖着长长的亮尾划过天际，从襄平城的西北方划过，坠向东南方的梁水。守夜的将士们见状惊恐不已，不知这异象主何吉凶。然而，司马懿却面露喜色。

他急忙回到营中，召集众将领，激动地说道："连绵的阴雨终于停歇，大决战的序幕即将拉开。现在，你们各自回去备战，等待我的命令，一举攻城。五日之后，那流星坠落之处，便是公孙渊的葬身之地。"

三日过后，所有的战前筹备均已完成。司马懿手一挥令旗，麾下各路人马即刻行动起来。土山之上，箭矢密集如暴雨，飞尘如同蝗虫般铺天盖地。那些憋了一个多月的攻城士兵，如同出笼的猛虎，齐声呐喊着投入到攻城战中。

城中的辽东士兵因长久被围困、粮草匮乏，已经到了宰杀战马、人相食的绝境，士气低落到了极点。此刻，面对魏军的猛烈攻势，毫无反击的斗志，伤亡惨重，怨声载道。那些曾被魏军释放的士卒，在军中散播投降的言论，鼓动同伴们割下公孙渊的首级，开城投降。同时，潜入城中的十几个魏兵与贾府的人一同四处张贴告示、高声呐喊，搅得城中天翻地覆。

公孙渊又惊又惧，无奈之下，只能命令相国王建和御史大夫柳甫去向司马懿求和。

司马懿稳坐帐中，指着王建和柳甫二人，冷冷问道："你们两个，是不是公孙逆贼派来乞降的？"

王建和柳甫二人昂首挺胸，摆出一副来使的架势，回应道："正是如此。我家主公说了，请都督停下攻势，退兵二十里，我们君臣自会接受贵朝的招降。"

司马懿早就听闻王建和柳甫这二人年迈昏聩，此刻见到他们大难临头还口出狂言，不由得怒火中烧，愤然作色道："尔等忘记自己是什么身份了吗？你们是反贼！在我面前还敢自称君臣？如今你们就是案板上的鱼肉，待宰的羔羊，还有什么资格谈条件？来人啊，拉出去砍了！"

公孙渊在城中焦急不安地等待王建和柳甫的消息，等来的却是两颗鲜血淋漓的头颅和一份檄文。他双手颤抖着展开文书，瞪大了眼睛，希望能够从字里行间找到一线生机。只见檄文上赫然写着：

魏征西大都督、太尉司马懿致公孙渊：你身为天子重臣，不仅不思报效国家，反而忘恩负义、图谋不轨，实乃罪无可赦。如今你派王建、柳甫二人来请求我退兵招降，但这两个老朽乃昏庸之徒，传话失当，已被我斩首示众。若你真心归降，可自缚来见。

倘若稍有迟疑，必将全族诛灭！特此檄告。

公孙渊看完檄文，已是汗流浃背，慌忙召集文武百官商议对策。众官员望着那两颗血淋淋的头颅，个个心惊胆战，噤若寒蝉。

公孙渊目睹此景，不由得对天长叹："天哪，难道真要绝我之路吗？没想到我手下竟都是这般不中用的庸才。"

就在这时，百官之中有一人挺身而出，声音洪亮地说道："主公，您无须过于忧虑，我愿意前往一试。"

公孙渊定睛一看，原来是侍中卫演。他顿时心生欢喜，说道："卫爱卿，若你能成功完成任务，我必将提拔你为御史大夫。"说完，便召卫演上前，细细叮嘱他在此次行动中既要表现出诚恳与敬畏，又不能失了威严与风度，务必要设法拖延时间，为他们东山再起创造机会。

带着君主的嘱托，卫演上路了。此刻，司马懿稳坐中军大帐之中，两侧则肃立着夏侯霸、夏侯威、牛金、司马昭等英勇将领。

卫演从帐外开始，步步谨慎，膝行至帐内，然后虔诚地跪拜于地，说道："下官卫演，受主公公孙渊之命，特来拜见太尉。"

司马懿轻轻哼了一声，简洁地命令道："说。"

卫演深吸了一口气，然后缓缓道出："恳请太尉平息您的怒火，收回您的威势。我家主公为了表示归降的真心，愿意送出世子公孙修作为人质。只要太尉先解除包围，我君臣便会自行束缚，前来投降。”

司马懿嘴角勾起一丝冷笑，说道：“你少在我面前花言巧语。回去告诉公孙渊，他是否了解领兵打仗的五大要略？这五大要略即是：能战则勇往直前，不能战则稳守阵地，守不住就撤退，退无可退就投降，若连投降都不可能，那就以死相拼。现在，他既然不愿意主动投降，那就只剩下死路一条了。我不需要他的世子作为人质。送客！”

卫演碰了一鼻子灰，垂头丧气地回到了城中，将司马懿的话原封不动地转告给了公孙渊。公孙渊眼见大势已去，已是无计可施，只得做殊死一搏，于是自率一千精锐从南门突围，逃向东南方向的带方郡。

当夜二更时分，公孙渊下令将城中所有能吃的食物都收集起来，让这一千精锐士兵饱餐一顿。随后打开南门，悄无声息地向东南方向进发。起初，公孙渊见四周寂静无人，心中暗自庆幸。然而，当他们抵达首山下时，突然从山上传来一声鼓响，紧接着，鼓角之声震耳欲聋。一支装备精良的队伍突然出现在前方，拦住了他们的去路。在熊熊燃烧的火把的映照下，一位身着红袍、须发皆白的老人赫然在前。

公孙渊抬眼一瞥，顿时心惊胆战，几乎从马鞍上滑落。没错，出现在他眼前的正是司马懿，其左右两侧，大将牛金与司马昭英姿飒爽、威风凛凛。

公孙渊慌忙调转马头，恨不得找个地缝逃出去。然而，夏侯霸的兵马早已严阵以待，左有夏侯威压阵，右有张虎、乐琳助威。公孙渊率领的千名士兵在这铁壁铜墙面前显得力不从心，他们如同被围困的野兽，左冲右突，却始终难以寻得生机，最终只能束手就擒。

司马懿俯视着跪拜在地、战战兢兢的公孙渊父子，嘴角泛起一丝冷笑，对公孙渊及自己的部下说道："看看吧，这不就是我之前的预言吗？我曾见天星陨落于此，便断言公孙渊将在五日后于此地受挫。今夜，不是应验了吗？"

言及此处，诸位是否已察觉，在这场大战中，司马懿与当年诸葛亮的境遇如出一辙，而公孙渊的处境，则如同昔日的司马懿。想当年，司马懿凭借坚守不战的策略，终将诸葛亮耗死在五丈原；而今，公孙渊试图如法炮制，想同样拖垮司马懿，却未能如愿。这正是司马懿的高明之处——当年诸葛亮与司马懿对峙百余日，仍没有想到办法拆招，而司马懿却轻轻松松破解了公孙渊的耗兵之计。

简而言之，司马懿的防守固若金汤，无人可破，而当他人尝试以其人之道还治其人之身时，他仍能游刃有余地应对。这才是真正的控局高手。

在处决了公孙渊父子后，司马懿领兵进驻城中，他对于战利品并无多大兴趣，只是果断地颁布了两道命令：其一，城内所有十五岁以上男子，不论其身份如何，一律格杀勿论；其二，公孙渊所委任的官吏，全部处斩！

执行完毕后，司马懿下令将这些人的尸体与泥土混合，筑起一道长长的尸体墙，整个场景显得异常阴森可怖。

由此事不难看出，司马懿虽然平时善于隐藏锋芒、示人以弱，但其内心却蕴藏着极其冷酷狠辣的一面。

杀戮告一段落后，司马懿寻得当年被公孙渊篡权的公孙恭，希望他能够重新出任辽东太守，并对曹叡治下的魏国表示效忠。

在安排好辽东的事务后，司马懿下令全军班师回朝，严格履行了他一年内解决战斗的承诺。然而，在归途之中，司马懿突然接到朝廷快马送来的紧急信件。他拆开信件，眉头顿时紧锁。

臣——愿以死奉社稷

景初三年（239 年）正月，雪花如鹅毛般连续数日纷飞不止。气温骤降，寒意袭人，曹叡的内心更是如坠冰窟。他已经感受到了死亡的逼近，意识到自己将不得不放弃那尊贵的皇位、辉煌的宫殿、温婉的妃嫔以及满桌的珍馐美味，他的内心泛起无尽的哀伤。

曹叡急切召见了燕王曹宇与齐王曹芳。时不我待，就在今日，他必须将皇位传给曹芳。

曹芳承接大统，恭敬地跪地叩首，按照规矩行完大礼。

曹叡挥手示意，召燕王曹宇靠近，紧握他的手嘱托道："皇叔，朕今日任命你为大将军。芳儿尚且年幼，未来他的成长需要你的引导和扶持。"

曹宇是曹操的庶子，他不仅未继承其父的英勇与果决，反而性格宽厚、温和，甚至有些胆小。在这个战乱连年的时代，他目睹了政治斗争的血腥与复杂，自觉与其涉足其中，不如安享其宗室藩王的富贵生活。于是，他坚决地推辞了这一重任，谦逊地表示："臣自知德才兼备者方能担此大任，而我资质平庸，实在难以胜任。"

站立在侧的方城侯刘放和关内侯孙资都是司马懿的朋友，他们急切地要推荐司马懿，于是向曹叡提醒道："陛下，司马仲达已经平定了辽东，现在正在回师的路上。"

曹叡还没来得及回应，曹宇就急忙插话道："陛下，还是让司马懿回长安镇守吧。"

曹宇虽然对大将军的职位敬而远之，但他也同样不希望司马懿的权力得到进一步扩大。他总觉得司马懿一直在压抑着很大的野心。毕竟，一个人的能力如果过于出众，再加上勃勃的野心，那可是个极大的危险。

"就依皇叔所言。"曹叡应道。

刘放和孙资听到这话，心中顿时一沉。等到曹宇离开后，二人又带着几分哽咽向曹叡上奏："陛下，我们深感忧虑。若您万一有个闪失，太子尚且年幼，这国家大事又能托付给谁呢？"

曹叡皱了皱眉头，不悦道："朕不是已经把重任交给燕王了吗？"

刘放和孙资面面相觑，刘放迟疑道："可是……"

"有什么难言之隐吗？说吧。"曹叡催促道。

"先帝有过诏令，藩王不得参与政事。而且陛下您刚刚患病，曹肇、秦朗等人就借口入宫探病，与宫女随意调笑。燕王对此视而不见，也不加以管束，反而在宫外屯兵，阻止我们进宫奏报。陛下，这与古时赵高之行为有何区别？我们长期受到您的恩宠，不能对此视而不见，因此即便是冒着生命的危险，也要向您直言不讳。"

曹叡闻之，面露疑色，道："哦？竟有此事，那么以卿之见，何人能担此大任？"

刘放与孙资二人本欲举荐司马懿，然而曹爽的身影忽现于门前，二人相视一眼，心知此时不宜提出异议，于是顺水推舟，推举曹爽以替曹宇。

曹叡瞥见曹爽踏入殿内，随即发问："曹爽，你自认为能胜任大将军之职否？"

曹爽听闻天子有意委以重任，心中既跃跃欲试，又恐难以担当，情急之下，竟语无伦次。刘放心领神会，轻踩其足，曹爽方才如梦初醒，汗流浃背地挤出一句："臣——愿鞠躬尽瘁，以死奉社稷。"

孙资见曹爽已接掌大将军之位，便不失时机地进言："陛下，太尉司马懿才华横溢，谋略过人，实乃国家栋梁，可参与朝政大计。"

曹叡微微颔首。孙资正欲趁机请旨，却见曹肇匆匆而入。曹肇眼见曹叡有意委任司马懿，急忙出言阻止："陛下，此事需三思而后行。臣唯恐司马懿日后成为另一个董卓，祸乱朝纲。"

曹叡闻听此言，心中泛起波澜，一时难以决断。

待曹肇与曹爽离去，刘放与孙资再次进谏："陛下，曹肇心怀鬼胎，故而惧怕忠良之士。望陛下明察秋毫，以正朝纲。"

曹叡虽然病入膏肓，但心智却仍旧明朗如镜。他辗转反侧，心中千回百转。

皇上，您安心地去吧

成功平定公孙渊后，曹叡原本打算让司马懿直接转道去镇守汉中，无须回朝。然而，司马懿在奔赴汉中途中，朝廷的加急诏令接连飞来，急召他迅速返回京城面圣。短短三天之内，连发五封，可见事态是何其紧急。

据史书记载，在此之前，司马懿曾做过一个异梦。梦中，曹叡枕在他的膝头，抬头对他说道："爱卿，你且仔细瞧瞧我的脸。"

司马懿垂头一瞥，只见曹叡面色惨白，恍若亡者之容。此梦惊醒了他。

朝廷的信函中虽未明言所因何事，但司马懿对即将发生的事情已有了七八分的揣测。

司马懿马不停蹄，昼夜兼行，终于赶回洛阳。他气喘吁吁，直奔嘉福殿的寝宫。刘放与孙资早已迎候在外，急言："司马公，您来得正是时候。若再晚一步，恐怕就无缘得见圣上了。"

司马懿惊愕不已："皇上他……"

刘放急切地打断了他的话，手势急促地示意："速去，莫要耽搁！"

此刻的曹叡，生命之火已近乎熄灭。当他看见司马懿踏入寝宫，目光落在那满是征尘的战袍与历尽沧桑的脸庞上时，眼中不禁泛起了泪光。他紧紧握住司马懿那厚实的手掌，声音颤抖：“朕一直苦苦支撑，只为等你来。如今能见到你，真是天可怜见。朕要将身后之事托付于你，这样，便可安心离去了。”

司马懿闻言，心中激荡，声音略带哽咽：“陛下，您怎能轻言生死？臣在赴任途中得知陛下龙体有恙，心中忧急如焚，恨不能立刻飞回洛阳。今日得见陛下，臣愿以死相报。”

司马懿这番话，且不说真假，都给弥留之际的皇帝带来了一缕心灵上的慰藉。曹叡立刻下旨，命人迅速召来郭皇后、年幼的太子曹芳，还有大将军曹爽、刘放、孙资等朝中重臣，让他们齐聚于御榻之前。

曹叡紧紧地握着司马懿的手，感慨说道：“想当年，刘备在白帝城将孩儿托付给诸葛亮，孔明为其尽忠职守，直至生命的最后一刻。而如今，朕的孩儿曹芳，方才八岁，还无法肩负起这社稷。幸运的是，朕有你这个太尉，还有这么多忠诚的重臣。朕希望你们能如古代的伊尹、周公一般，携手并肩辅佐新君，这将是国家之福、百姓之幸！”说到此处，曹叡已是泣不成声。

闻听曹叡之言，众人心中不禁涌起酸楚，眼眶湿润。曹叡稍作休憩，随即召唤曹芳上前，手指司马懿，郑重嘱托道：“芳儿，你要将太尉视为亲人，日后务必对他满怀敬意。”

司马懿闻之，深受触动，泪水夺眶而出：“陛下，您请安心。我仍然记得先帝辞世之时，亦是将您托付于我。我深知，人生得一知己足矣。士为知己者死，我定会竭尽全力辅佐新君。”

太子曹芳年幼却聪慧，他依偎到司马懿身旁，紧紧环住他的脖颈，流露出深深的依恋。

曹叡眼中闪过一丝宽慰，轻声说道："如此，我便可放心了。"言毕，他指向太子的手缓缓落下。顷刻间，嘉福殿内响起了撕心裂肺的哭声……

次日，司马懿与曹爽共同扶持太子曹芳登基称帝。曹芳追封其父为明帝，并将其安葬于洛阳城外的高平陵。同时，尊封郭皇后为皇太后，开启新的年号——正始。

朝廷中，曹芳又赐予曹爽与司马懿侍中之职，赋予他们统领内外军事的权力，并让他们共同承担尚书事务，携手辅佐朝政。

含垢养势：让刺骨杀气再滋润一会儿

咬人之前别露齿，露出来就是灾。没有反杀的绝对把握，不仅要忍，还要会装。身处弱势时，每一次冲动，都有可能要为之付出无法承受的惨重代价。我们看，曹爽兄弟已经骑到司马懿脖子上去了，可司马懿还能一脸从容地忍下来。这样的人，可怕得让人脊背生寒。

功臣黑洞：不可避免的信任危机

随着曹叡托孤，司马懿终于登上了人生的巅峰舞台。然而，身居“巅峰”也意味着四周皆是下坡之路，至少在攀登下一个高峰之前，情形便是如此。司马懿身为赫赫功臣，自然不能在这个高峰上停滞不前。他深知，权力的游戏如同逆水行舟，不进则退。

在常人眼中，“功臣”的境遇似乎总比“罪臣”优越。他们享受荣誉、地位和权势，似乎拥有一切。然而，历史却揭示了一个不同的真相。

以管仲为例，他曾是公子纠的师父，与齐桓公结有“一箭之仇”。然而，齐桓公继承国位后，却不计前嫌，对管仲言听计从，二人共同开创了“九合诸侯”的辉煌霸业。管仲的才华和智慧得到了充分的发挥，他也因此成为千古流芳的名臣。

再如魏征，他原本是李建成的幕僚，甚至曾力劝李建成铲除李世民。李世民在击败李建成后，却看到了魏征的才华和忠诚，与他携手共创了“以人为鉴”的传世佳话。魏征的直言敢谏和忠诚得到了李世民的赏识和信任，他也因此成为唐朝的著名谏臣。

然而，历史也同样记录了许多“功臣”沦为“罪臣”的悲剧。白起、韩信、李善长、于谦、年羹尧等人，都曾从荣光的“功臣”瞬间沦为悲惨的“罪臣”。他们或因骄横跋扈、图谋不轨而被君主猜忌，或因政治斗争而失去权势，最终落得身败名裂的下场。这其中的缘由是何？君主们或许会指责他们骄横跋扈、图谋不轨，但这些指责的真相，谁又能说得清呢？

说起来，那些被称为“功臣”或“罪臣”的人们，他们的命运如何，多半取决于是否能博得君主的信任。然而，君主是否给予他们信任，并非全然基于他们的功劳或目的。以司马懿为例，他还是那个司马懿，本质未曾改变，但换了一位君主，他得到的信任与之前就可能大相径庭。这其中的关键，在于君主对权力的掌控和对臣子的猜忌。

在这个错综复杂的权力游戏中，信任的建立其实更多依赖于游戏本身的深层规则和内在逻辑。臣子们需要时刻揣摩君主的心思，谨慎行事，以免触犯君主的忌讳；君主们也需要时刻警惕臣子的野心和背叛，以保持自己的权力和地位。这种相互猜忌和防范的关系，构成了权力游戏的本质。而那些能够在这种游戏中游刃有余、赢得君主信任的臣子，才是真正的智者。

就拿管仲、魏征这样的“罪臣”来说吧。他们能得到君主的重用，一方面固然是因为他们拥有过人的才能，但另一方面，也是因为他们相对“安全”。深思之下，“罪臣”之所以被称为“罪臣”，正是因为他们所属的势力已经失势，孤掌难鸣，即便留着也翻不起什么大浪。再者，“罪臣”一旦获罪，全家遭殃，这几乎是当时的常规操作。如果哪个君主大发慈悲，既往不咎，那这些“罪臣”在道义上可就欠了君主一个人情。他们要是再有什么不轨之举，恐怕也难以得到他人的支持和同情了。

还有一点值得深思，那些本以为在劫难逃的“罪臣”，若能得到君主赦免，那无疑是天上掉馅饼！要是再被委以重任，他们定会感激涕零，四处传颂君主的恩德。因此，对这些已无力反抗的“罪臣”网开一面，不仅对君主来说是展现他们宽广胸怀的绝佳机会，还能让他们确保即使这些“罪臣”心有不甘，也难以东山再起。

说到底，“罪臣”在某种程度上反而更能让君主感到踏实。他们因曾经的挫败而更加谨慎，因君主的恩典而更加忠诚。而常让君主忧心忡忡的，却往往是那些被尊为“功臣”的骄子。他们手握重权，势力庞大，一旦心生异志，便可能对君主的地位构成威胁。因此，君主在选择重用臣子时，往往会权衡利弊，既看重才能，又看重安全性。

以司马懿为例，毫不夸张地说，曹家的天下有他一半的功劳。然而，曹叡难道会因此轻易把半壁江山交给他吗？这显然是不可能的。

因此，君主们都心知肚明，不能轻易认同“功臣理应得到奖赏，不赏则有失公正”的观点。毕竟，“奖赏”这件事，说穿了就是君主手中的一张王牌，他们有权决定是否使用，而且无论如何选择都是正确的。如果坚持“有功就应该奖赏”的原则，那“奖赏”的决定权就落入了制度之手，而不是君主之手了。所以，一旦功臣们稍露不满，觉得奖赏未能如愿，君主们就会心生不悦。

更让君主们感到不悦的是，如果他们承认了功臣的辅佐或保驾之功，那就等同于承认自己的皇位是依赖这些功臣才得以坐稳的。试想，如果某一天这些功臣心生异念，不再支持自己，那君主们岂不是得乖乖退位让贤？

在普通老百姓的眼里，君主简直就是“天选之人”“龙种降世”，仿佛他坐的那把龙椅，除了他谁也坐不稳。可是啊，在那些经常跟君主打交道，了解君主真实面目的功臣眼里，君主其实也就是个普普通通的人罢了。

可是君主怎么能够承认自己是普通人呢？自己要真是普通人，凭什么掌管这大好河山呢？所以啊，君主们必须将自己神化，标榜自己是“天子”，来享受万民的顶礼膜拜。如此一来，君主们在面对那些曾经立下赫赫战功，又知道自己不少尴尬事的功臣们时，心里就会特别别扭。因为这些功臣们的存在无时无刻不在提醒君主：你其实也没有什么了不起的，坐稳江山还不是靠我们？

即便功臣们并没有这样的想法，君主们也会暗自揣测，以为他们心怀异志。

这种不信任，在逻辑上来说是有合理性的。虽然每位君主对功臣的不信任程度各不相同——朱元璋对李善长不信任到极点，非要取他性命不可；赵匡胤对石守信虽然也不信任，但只是夺了他的兵权而已——但不信任的本质都是一样的：你有没有真的想造反并不重要，重要的是你具备造反的能力，这就足够了。

几乎每位功臣，在功成名就之后，都难免会遭遇一场信任风波。司马懿自然也不能幸免。

不好意思前辈，您对我有威胁

实际上，众多功臣都了然于胸，君主对他们的信任犹如薄冰，脆弱不堪。那么，面对如此境况，他们究竟会如何应对呢？

我们先来看一个基础的心理博弈框架：假若你对我心存怀疑，而我也洞察到了这一点，那么自然而然地，我会开始思索，由于你对我缺乏信任，你很可能对我隐瞒真相，甚至对我说谎。这样的推理，无疑是合乎逻辑的。

这种“认为你有可能对我说假话”的念头，本质上也就意味着“我对你同样缺乏信任”。这也是一个合乎逻辑的推论。

因此，猜疑链的形成便显得自然而然：当一个人察觉到另一个人对自己缺乏信任时，他几乎不可能再对这个人抱有信任。这种猜疑链一旦形成，便如同铜墙铁壁，想要打破，其难度绝不亚于对战诸葛亮。

司马懿便一直身陷这样一个猜疑链的旋涡之中。

曹叡死后，司马懿或许觉得自己终于可以摆脱这个困境了——“毕竟，少主曹芳年仅八岁，或许连‘猜疑’这两个字都未必会写，他又会猜疑我什么呢？更何况，我向来以温和示人，一个和蔼的老者又能对何人构成威胁呢？”

曹爽无奈一笑，心中暗道：“您在我眼里，可是个不小的威胁啊。”

再来聊聊曹芳吧。

曹操嫡长子一脉，自其子曹丕，至其孙曹叡，寿命竟如遭天谴，一代短于一代，令人唏嘘不已。更令人痛心的是，曹叡所生之子皆夭折，无一存活于世。这导致曹叡在生子这件事上几欲崩溃，最终断了再生的念头。无奈之下，为续“龙脉”，他收养了两个孩子，分别赐名曹询、曹芳。

曹询为兄，曹芳为弟。按理说，皇位应由兄长曹询继承。然而，曹叡那“断子”厄运似乎太过强悍，就连养子也未能幸免——曹询自认父后，身体竟也日渐衰弱。

曹叡为长远计，毅然选择年幼的曹芳为皇位继承人。曹芳登基之时，年仅八岁，而其兄曹询，在曹叡驾崩后亦随之而去，年仅十四岁。

曹叡驾崩后，大权落于曹爽与司马懿二人之手。二人肩负重任，各领三千精兵，轮流守卫皇宫，保护幼主曹芳，共治天下。

以事后诸葛亮的视角来审视，曹叡此番布局显然欠妥：曹爽身为宗族，与曹芳的血缘关系自然比司马懿更为亲近，然而他过于年轻，又缺乏令人信服的功绩，让他与司马懿共执朝政，究竟谁该听从谁的指令？这岂不是在逼迫他们相互争斗，直至一方倒下？

但话说回来，曹叡又能有什么更好的选择？难道他应该只委派司马懿一人辅政，将子孙后代的安危全然交付于司马懿之手？还是他应该寻觅更多与曹爽相仿的人，共同与司马懿角逐？事实上，此事的棘手之处在于，曹氏宗族中已难觅出与司马懿资历相当、功勋可比且能制衡司马懿的人，然而这也不能全然归咎于曹叡。

司马懿也是备感无奈。谁让他如此善战，又如此长寿呢？善战赋予他崇高的威望，长寿则赋予他深厚的资历。然而，当威望与资历兼备时，他自然而然地成了曹爽的心头大患。试想，在你的家族企业中，有一位功勋级别的元老，他资格比你老，能力比你强，拥趸比你多，这样的他又怎么会甘心听从你的驱使？就连你自己，恐怕都难以找到他应听从你的理由吧？

然而，我又必须让他听从于我，因为我不愿屈从于他。

那么，问题来了，面对这个局，曹爽应该怎样布置呢？

面对曹爽的步步紧逼，倘若你是司马懿，你将如何应对这般局面呢？

上岸第一招，先堵众人嘴

平心而论，曹爽并非历史上出类拔萃的人物，他只是一个平凡的普通人。

在阅读历史的时候，很多人往往只关注伟大人物的辉煌时刻，但实际上，我们更应该通过关注像曹爽这样与我们相似的普通人来反思自己的不足。曹爽这个人并不愚笨，在普通人中他已经表现得相当出色了。然而，普通之才终究只是普通之才，他的视野和格局限制了他的行为和决策。接下来，我们就来深入剖析一下他的故事。

对于曹爽而言，曹叡将他从武卫将军骤然提升至群臣之首的大将军，这无疑是一次巨大的人生飞跃。我们不妨设身处地想象一下，如果你是当时的曹爽，面对这样的突变，你会面临哪些具体的问题，又该如何去应对和解决这些问题呢?

在此，要提醒大家，千万不要一上来就想着“伐蜀征吴”之类的伟大蓝图，这是上帝视角的思维方式，是那些缺乏社会经验的人容易陷入的空想主义误区。

首先，我们需要明确一下，武卫将军是个什么级别的官职。

细观曹丕称帝时的《公卿将军上尊号奏》，我们可以很清晰地看到武卫将军的级别。当时的武卫将军由大名鼎鼎的许褚担任，而在《公卿将军上尊号奏》的排名中，他却被置于最后一位，甚至五校校尉的排名都位于武卫将军之前。

所以，曹爽的升职就好比一名保安队队长被直接任命为执行总裁。如果你是这名保安队队长，你会有什么心理反应？此时，你的老上级们会怎么想？那些以前和你地位相仿的人，现在突然看到你成了公司高管，难道就一点儿想法也没有吗？公司所有员工会以何种眼神看你，他们的内心又是如何思量的？私下里，他们会如何议论你？面对这些问题，你又该如何应对呢？

这正是曹爽当时首先要面对的挑战。他首先要稳固自己大将军的宝座！

毕竟，每个人首先要考虑的都是维护住既得利益，只有在此基础上，才会进一步去发展自己的利益，或是壮大自己的利益团体，以扩大团体的利益面。

没错，是天子决定了由曹爽来担任这个百官之首，做这个大将军。但做出这个决定的天子曹叡当天就驾崩了。而自己的最大靠山——新一任曹魏集团领袖，当时只有八岁。

所以这个问题，只能由曹爽自己来解决。

所以说，作为普通人，如果我们在读历史的时候能够真正深入其中，审视自己面临的问题，再思考如何应对，然后再与历史上各种人物的处理方式做对比，去琢磨是你想得周全高明，还是历史人物做得更合理，那么经过这样日积月累的思考和实践，你的思维水平真的会得到提升。

现在，曹爽的第一步棋应该怎么下？

曹爽于正月上位，二月就上表请奏曹芳，要尊司马懿为太傅，让司马懿位在自己之上。

曹爽心知肚明，自己的资历尚浅，威望尚不足以服众。为了天下人心的稳定，为了舆论的导向，更为了朝廷的安稳，他必须展现出一副谦恭虚己的姿态，必须对前辈大臣表示出崇高的敬意。

这是大局所在，司马懿也难以回避。众人聚在一起开会商议，最终得出的也是这个结果。这种事情根本就不是什么阴谋，而是堂堂正正的阳谋。

这样的举动，就是要堵住天下人的非议之口——“我曹爽并非不知自己资历尚浅，也并非不知自己尚不足以服众。看，我现在已经不再只是名义上的百官之首了，而是将这个位置让给了德高望重、资历最深的司马大都督。他现在是百官之首，大家还有什么闲话可说呢？”

在使出第一招“堵住天下人的嘴”之后，资质平平的曹爽接下来又会如何行动呢？

一份名单暗藏的玄机

一个人为什么要当官，当官以后又该怎样做？

不提当下，让我们将视线穿越回曹爽的时代，看看他是怎样巩固自己地位的。

大多数情况下，人们谈及那个时代，总是无法绕开士族夺权、司马懿的阴谋，以及高门与寒门之间的纷争。大多数人思考的焦点，要么是曹魏皇室如何防范权力被士族篡夺，要么就是曹魏皇室如何警惕司马家的崛起。

然而，曹爽并非一心只想着防范士族夺权。他的主要想法是维护自己的地位，他只是个普通人，格局也不是很大。他的基本策略就是拉拢，能拉拢的尽量拉拢。毕竟，在政治舞台上，朋友多了路好走。你不和大家做朋友，大家就和你的敌人做朋友。

正始四年（243 年）七月，小皇帝曹芳下诏，在魏武帝曹操的庙庭中举行祭祀活动，同时祭祀已故的功勋将领，名单为：大司马曹真、大司马曹休、征南大将军夏侯尚、太常桓阶、司空陈群、太傅钟繇、车骑将军张郃、左将军徐晃、前将军张辽、右将军乐进、太尉华歆、司徒王朗、骠骑将军曹洪、征西将军夏侯渊、后将军朱灵、后将军文聘、执金吾臧霸、破虏将军李典、立义将军庞德、武猛校尉典韦。

显然，这是曹爽的手笔，或者说，曹爽起码是幕后推手。

我们必须明白，当时的政治家做这种事情，都是做给活人看的，不是给死人准备的。这份名单就是一篇文章，一种政治手段，里面暗藏玄机。

就拿许褚来说，为什么同为曹操的保镖团团长，典韦可以上榜，许褚却落榜了？为什么一定要二选一，不能两个都给荣誉呢？

大家细看，庞德都上名单了！客观地讲，庞德为曹氏集团立下了什么功勋？他最大的功勋便是战死沙场吧！当然，这也很重要，是军人忠诚的典范。所以需要让活人看看，所以上名单也无可厚非。

但是许褚呢？他为曹氏集团可是立下了汗马功劳，而且还是曹老板身边的人。如果众将都还活着，我们做个投票，问问谁对曹老板忠诚度最高，或者换个问题，问一下曹老板心里最放心的是谁，结果不说许褚排在第一位，但要是他出了前三，那么这个投票肯定有问题。

还是那句话，要搞清楚每件事情的背景，这才是看历史的正确姿势。脱离历史背景看历史故事，十有八九都会失真。

相较于典韦，许褚在曹营中至少多服役了数十年，其功勋之卓著，自不待言。然而，因其岗位特殊——是为曹操的贴身护卫，为避免瓜田李下之嫌，他与曹营中的其他文武大臣均保持着一定的距离，与他们的关系也颇为疏远。

举例来说，曹魏的宗亲大将曹仁从荆州归来，急于面见曹操时，恰逢曹操在卧室中安歇。曹仁见状，便试图与正在殿外守卫的许褚拉近关系，邀请他至偏室闲聊。然而，许褚始终牢记自己的职责，对曹仁的示好不予理会，只是淡淡地说了一句“魏王即将出来”，便转身离去。曹仁见许褚如此不给面子，心中自然对他产生了怨恨。

许褚连曹仁的面子都敢不给，更不用说曹营的其他大将了。在魏国重臣们的心中，谁能进入曹操的太庙，谁又不能，是他们极为关注的事情。由于这些人与许褚的关系并不融洽，因此他们自然不会希望许褚能够进入太庙。

脉络是不是渐渐清晰了？曹爽就是要讨好那些活着的魏国重臣，以期获得这个庞大团体的支持。这样一来，他便能更好地掌控曹魏的军队，使自己的地位更加稳固。

在明面上，曹爽从不得罪任何人。他尽可能地提升官员的职位，将应配祀老曹庙的人都安排上。在他的权力范围内，他尽可能地照顾到前辈大臣的利益。

对于那些看似可以通过贿赂来拉拢的人，曹爽也从不吝啬。毕竟，这些钱和官位都是朝廷的，他自然不会小气。

然而，天下的总利益是有限的，你多拿一份，别人就少拿一份。当你觉得自己人的利益不够分时，你就需要从别人手里夺。

就这样，争斗的伏笔在不知不觉中被慢慢埋下了。

架空我？有你们绝望的时候

曹爽麾下有门客五百之众，其中不乏声名显赫之辈。首先要说的是何晏。

何晏，字平叔，是汉灵帝时期那位声名狼藉的大将军何进之孙。其母尹氏，因美貌动人，后来被曹操纳为第九房夫人。何晏也因而被曹操收为义子，他更迎娶了曹操之女金乡公主。

何晏与其有权无才的父亲截然不同，他自幼便才智过人，好学不倦。在曹府这样的权贵之家长大，他得以博览群书，学识渊博。他皮肤白皙，容貌俊美，又兼具聪明才智，因此深得人们赞誉。然而，曹操的几个儿子，如曹丕、曹彪、曹林等人，却因嫉妒而对他心生不满，甚至联手排挤。尤其是曹丕，对何晏时常模仿太子装束的行为大为光火，每每碰面，不直呼其名，而以“假子”相称。

何晏内心虽感卑微，却又自视甚高，常独处一隅，孤芳自赏。曹操携诸子出游时，他往往被冷落在一旁，或是干脆选择留在家中，专心研学。在当时文人雅士崇尚清谈辩论的风气的影响下，何晏竟成了玄学大师，凭借其专业的理论知识与天下名士侃侃而谈，颇受曹爽推崇。

再来说丁谧，此人字彦靖，其父名为丁斐。想当年，曹操在渭水被马超率军紧追不舍，命悬一线之际，正是丁斐在渭水南岸放出牛羊，引得关西兵回头争抢，这才为曹操解了围。丁斐因救驾有功，加之与曹操有同乡之谊，因此受到重用和提拔。丁谧也借着父亲的光，被曹爽纳入门下。

还有邓飏，字玄茂，东汉名将邓禹后裔，家世显赫。

李胜，字公昭，其父历任上党郡、巨鹿郡的太守，也是出身名门。

毕轨，字昭先，同样出自官宦之家，其父担任过典农校尉一职。

桓范，字元则，时任大司农。桓家历来都是名门望族。

这个以父辈关系结成的官二代圈子，非常崇尚清谈之风，因此在当时被世人称为“浮华友人”。

这里的“浮华”不是说生活作风有问题，那时的“浮华”主要指一种思想风潮——继承汉朝清议之风而来的清谈之风。清谈，就是谈谈玄妙的东西，说说浮夸的话，内容华而不实，跟实际生活脱节，所以才被叫做浮华。

“清谈”在当时非常流行，很多达官贵族和知识分子都觉得这是一件高雅的事情，是人品风流的外在表现。他们聚在一起，讨论争辩，各抒己见，谁能摆出自己的观点，找出正当的理由证据，努力把别人驳倒，谁就是高雅之士。因为上流社会的很多人都这么干，所以“清谈”就成了时尚。

这帮所谓的名流们聚在一起，不谈国事，也不说民生。谁要是谈及怎么治理国家，怎么强兵裕民，谁的政绩显著等等，谁就会被贬低为只谈俗事的人，还会遭到讽刺。

曹叡在世的时候，觉得这种思潮危害很大，应该禁止，所以还曾经惩罚过他们。

曹叡驾崩之后，那些曾在曹爽门下潜伏的“浮华友人”们开始跃跃欲试。他们在曹爽的提携下逐渐攀升：丁谧从度支郎中晋升为散骑常侍，何晏成为散骑侍郎，邓飏由颍川太守升任为大将军长史，李胜则从洛阳令转任河南尹，毕轨也由黄门郎调任并州刺史。然而，他们的野心并未止步，更大的权力才是他们的目标。

显然，司马懿成了他们进一步攀升的绊脚石。因此，这个小团队常常聚在一起，绞尽脑汁地策划如何对付司马懿。

今日丁谧对曹爽进言：“太傅这人啊，非比寻常，心机深沉如山川之险。他胸怀大志且深得民心。如今天子年幼，朝政大权虽说是由您和他共同掌有，但难保哪日不会被他一人独揽。”

次日，何晏又窃窃私语：“记得我父亲在世时曾说，司马懿有‘狼顾’之相，野心勃勃。他还曾梦见三马同食一槽，那‘槽’字与‘曹’同音，三马指的不正是司马懿和他的两个儿子吗？此梦寓意深远啊！”

再过一日，曹羲急匆匆地说：“曹家的天下，怎能轻易托付给外姓之人！”

时间一久，曹爽便被这群人说动，开始搞小动作。他让尚书们凡事先找他汇报，他斟酌过后再挑些讲给司马懿听。慢慢地，曹爽变本加厉，直接命令尚书们只对他汇报，司马懿被晾到了一边。

司马懿反应也很快，他主动让出军权，挂着一个太傅的闲职，深居简出，修身养性，还把曹叡临终前赐给自己儿子们的官职全给辞了。

罢了，暂且让你们嚣张一会儿，总有你们哭的时候。

哪条路才是最优选择

司马懿知道，朝廷还是不信任自己，或者说，曹爽对自己有敌意。

那么，他应该怎么办？要么，顺从地将兵权拱手相让，心甘情愿地退至幕后，寻觅一处清幽之地，悠然度日；要么，暗中与昔日的部下保持联络，悄然培育自己的势力，以此与曹爽形成微妙的制衡；又或者，在曹爽动手之前，先发制人，将曹爽从权力的棋盘上抹去，从而独揽大权。

司马懿表面上选择了看似平和的第一条路，然而，暗流涌动之下，他实则踏上了第三条充满荆棘的征途。

至于为何没有选择看似中庸的第二条路，还得从那个时代的背景说起。

自春秋战国之后，“封建”这一制度已如风中残烛，名存实亡。尽管公、侯、伯、子、男的爵位仍然被册封，但那仅仅是个享有食邑的虚名，封爵者对封国的事务早已无权插手。取而代之的，是“大一统”的磅礴理念——正如人们常言“天无二日，国无二主”，这意味着万民皆需俯首于一个至高无上的权威之下。

在这种深沉的文化土壤之中孕育出的人们，无论是手握重兵、权倾一时的朝臣，还是割据一方、自称霸主的地方诸侯，皆难以真心相待、彼此敬重，更遑论长久的和平共处了。

他们坚信权力的多极化必然会孕育出纷争与冲突，而这种观念一旦深入人心，便使得多权力中心的格局显得愈发脆弱、摇摇欲坠。

再者，争斗所带来的社会动荡与连绵战争，对于那些远离权力斗争旋涡的普通百姓而言，简直是令人深恶痛绝的苦难之源。随着时光的流转，即便是最为懵懂无知的旁观者，也能逐渐洞悉这场权力游戏的本质——一场残酷的零和博弈，非生即死，绝无中间地带可言。

所以，不管是曹爽还是司马懿，在当时的时代背景下，都不会选择和平共处，最终的走向一定是相互排挤与倾轧。

另外，我们必须明白，历史和游戏有个共通之处——拥有高水平的队友至关重要。你的队友至少要能够理解你的战术和意图，这样才能打赢一场博弈。

退一步讲，若要司马懿心甘情愿地放下手中大权，安享晚年，他必须首先确保自己能够安然无虞地从权力的棋盘上抽身而退。假若他身处今日社会，这样的顾虑自然烟消云散，因为现代法律对私人财产的保护坚如磐石，只要财富来源正当，即便退位让贤，也无人能够轻易侵夺分毫。

然而，那时的情况与今日大相径庭。那时，无论你拥有何等雄厚的财富，也不论这些财富是取之有道还是巧取豪夺，只要当权者一声令下，你的家财便可能如流沙般瞬间被抄走，而你只能忍气吞声，束手无策，任凭命运摆布。

当时的司马懿，根本无法确定自己交出兵权后能否过上平静富裕的生活。更大的可能是，他会陷入一种需要不断揣摩曹爽及其手下脸色的窘境之中。

再退一步讲，即便司马懿个人能够忍辱负重、低三下四，但他又怎能忍心让那些跟随自己、信赖自己的子弟亲朋及门生故吏任人宰割呢？

因此，司马懿别无他法，唯有选择第三条路。

快请司马太傅入朝议事

却说曹爽一番筹谋，终是得偿所愿，将司马懿排挤出权力中枢。而司马懿竟未露出半点激愤之色，甚至还命自家大公子司马师辞去官职。此举着实令时人感到费解——难道太傅真的被岁月消磨了所有斗志？

“这司马懿，莫非年老力衰，自知非我对手，故而顺水推舟？此老儿，倒也算得上识时务。”曹爽心中暗自思量，脸上不禁浮现出几分得意之色。

然而，人一旦得意，便易飘飘然；一飘飘然，就容易做蠢事。曹爽一得意，便大力提拔亲信。他让弟弟曹素取代司马师的中领军之位，曹训被封为武卫将军，曹彦则迁为散骑常侍，各人皆统领三千御林军，且能在禁宫内自由行走。何晏、邓飏、丁谧等人也均得尚书之职，李胜稳坐河南尹之位，毕轨则升为司隶校尉。曹爽更瞅准时机，欲将刘放、孙资罢免。如此一来，军政大权尽落其手。

曹爽将自家兄弟亲友一一提拔至高位后，便开始盘算起如何发财。他命洛阳与野王之地的典农校尉将数百顷肥沃桑田划至他名下，更与黄门侍郎张当勾结，肆意将宫中珍宝搬运至自己的府邸之中。

如此局势，司马懿如老僧入定般闭门不出，表面悠然自得地下棋、演练阵法，实则暗中忙碌，不知所为何事；曹爽大权独揽，竟是忘乎所以，胡作非为至极。

这一日，朝堂之上气氛异常凝重，文武百官皆面色沉郁，整个大殿内寂静无声，连针落之声亦可闻见。

曹芳递过一份边关急报给曹爽。原来，吴国军队已兵分三路，进犯祖中、樊城与芍陂三地。曹爽看后，大脑瞬间宕机，他虽挂着大将军之名统领内外兵马，实则对领兵打仗之事知之甚少。此刻大军压境，他既不知如何分析敌军情势，制定破敌之策，亦不懂调度军队，排兵布将，只会两手一摊，喃喃自语："这该如何是好？尔等说，这该如何是好？"

他将求助的目光投向何晏。这位平素滔滔不绝地谈论"无为而治"的白面书生，此刻却哑然失声。半晌，何晏才怯生生地回应道："臣乃吏部官员，打仗之事应由兵部决定。还是请兵部尚书拿个主意吧。"

邓飏闻此言，瞪了何晏一眼，又瞅瞅心神不宁的曹爽，一样心神不定地说道："臣只管兵马调动，打仗之事，蒋太尉才是行家里手。"

蒋济一听此言，心中怒火中烧：你们这帮人，争权夺利、卖官鬻爵之时，一个个皆比猴还精。如今遇到正事，怎么都成了缩头乌龟？兵权皆在你们手中，我能如何？然而，我总不能眼睁睁看着国家遭难还不伸出援手吧。眼下这烂摊子，恐怕只有请太傅出山主持大局，方能收拾好，也让你们瞧瞧什么才是真本事。

想到这里，蒋济开口道："依我看，欲退吴兵，非得请太傅出山不可。"

曹爽一听此言，如同抓到了救命稻草，乐得直嚷嚷："对啊！我怎么没有想到！快来人，即刻去请司马太傅来朝中议事！"

跟我司马懿玩，你们还嫩了点

司马懿此际，表面看似悠然自得，实则心绪如滔滔江水，奔腾不息。吴国兵马调动之事，他自然早有耳闻。此刻，他正与二子围炉而坐，细细剖析敌我态势，探讨破敌之策。正当此时，曹爽遣使而至，邀其入宫。司马懿心明如镜，知道此时请他必是为了应对吴军之事。

于是，他便以身体不适为由，婉拒了入宫之邀。他心中暗忖：我倒要先看看，这位曹大将军究竟有何能耐。

曹爽未能请来司马懿，自觉颜面尽失，转而向曹芳求援，想借皇权之威，再下诏书召来司马懿。

黄门宦官奉旨而来，司马懿依旧泰然自若，稳坐府中。他借黄门之口，回话道："我久病缠身，军务之事，尽可由曹大将军裁决。我若插手，恐多有不便，还望陛下宽宥。"显然，他心意已决，誓要让曹爽领略一番苦楚。

一诏无果，曹爽无奈，只得再次恳请曹芳降旨。他提议道："若司马太傅无法上朝，即便在府中献上一策，也是好的。"

然而，曹芳虽然年幼，心中却自有计较。他乘辇而来，亲至司马府。

司马懿未曾料到，皇上竟会纡尊降贵，亲临其府邸。这一惊，非同小可，使他无暇再续装病之态，慌忙起身迎上前去，跪倒在地，诚惶诚恐地言道：“陛下屈尊莅临臣之寒舍，臣实感惶恐不安。恳请陛下宽恕臣未能及时远迎之大不敬之罪。”

“爱卿平身吧。朕闻听太傅身体不适，特此前来探望。见太傅面色尚佳，朕心甚慰。”皇上和煦地回应道。

司马懿迅速回应道：“吴军来袭，臣因身体原因无法亲自迎战，深感愧疚。幸有曹大将军在，击退敌军应不在话下。”

一旁的曹爽听后，脸色一阵红一阵白，显得颇为尴尬。他硬着头皮言道：“太傅所向披靡，令敌军闻风丧胆，爽自愧不如。若太傅无法亲征，是否能指点一二？”

“好，那懿便献上一计。此次吴军进犯，芍陂作为淮南之要地，有王凌将军镇守，我们可暂时无忧。但攻打樊城和祖中的两路吴军，则需我们派出得力将领前去增援，方能击退敌军。”司马懿沉稳地言道。

曹芳转向曹爽言道：“那就有劳大将军亲自出征吧。”

带兵打仗，需要的是真才实学和实战经验。曹爽从未经历过战争，心中不免有些胆怯，嘴上支吾其词。他回去后一拖就是半个月，而前线的局势却愈发紧张：樊城被吴将朱然围困，祖中又遭到诸葛恪的猛攻，形势岌岌可危。

眼见曹爽迟迟不敢出征，司马懿知道自己的机会来了，于是上表请奏入朝，声称自己的病情已有所好转，愿为皇上分忧解难，奔赴战场。

曹芳闻讯，龙颜大悦，犹如久旱逢甘霖。而曹爽更是欣喜若狂，恍若见到至亲之人，恨不能立时三刻跪拜叩首。

曹芳急切问道："老爱卿，可否速速为我筹谋一破敌良策，以解当前之困？"

司马懿沉声问道："陛下，老臣有一事不明。祖中、樊城已被围困月余，情势危殆，大将军为何迟迟未施以援手，致使局势恶化至此？"

此言一出，曹爽面色骤变，仿佛遭受一记无形耳光，满面羞红，窘态毕露，无言以对。

司马懿一番话语，巧妙地将曹芳与曹爽置于窘境之中。他眼见掌控大局之权已稳操胜券，方才缓缓开口言道："前线战事吃紧，樊城将士心绪不宁，急需救援。大将军若能披挂上阵，自是最佳之选。倘若力有未逮，老臣虽年老体迈，却愿挺身而出，统率三军前往解围，以报国家之恩。"

然而，面对司马懿的请战之举，却有人提出异议。他们认为对孙权不必过于较真，大可沿袭往昔战术——坚守阵地，静待孙权粮尽而退，自然可解此围。

史书虽未记载此建议出自何人之口，但见解却颇为独到，颇具策略性。其逻辑清晰明了：你司马懿素以守城消耗敌军著称于世，此次何不故技重施，以逸待劳，坚守阵地，静待孙权粮尽而退？如此既可保存实力，又可稳操胜券，何乐而不为呢？

东吴财力远逊于魏国，又是劳师远征，孙权显然难以持久。

倘若曹叡依旧在位，毋庸置疑，即便无人催请，司马懿也会率先献上此策。然而，时移世易，当下的局势已然不同往昔。此刻，司马懿的真正对手是曹爽，而他最需夺取的是人心。因此，他必须借此契机，塑造自己勤勉务实、公而忘私、为国家大计舍弃个人恩怨的崇高人设，以此与曹爽那专权擅势、排挤忠良的形象形成鲜明反差。

于是，司马懿当即反驳道："边疆受扰而朝臣稳坐高堂，战火纷飞，民心不安，此乃国家之大患！"

此言虽简，然条理分明，逻辑严密。司马懿首先站在道德制高点上，质问那些享受国家俸禄的官员：在国家危难之际，我们怎能心安理得地袖手旁观?

如此论调，何人能提反驳之词?

总而言之，司马懿若想推辞，他有充足的推脱之词，司马懿若要出征，他同样有充分的出征之由。这群人与司马懿展开辩论，确实还稍显稚嫩。

当即，曹芳委任司马懿为征南大都督，并亲自率领文武百官出城，为司马懿的大军举行盛大的送行仪式。

司马懿任命司马师为左先锋，负责解除樊城之困，同时委派司马昭为右先锋，去解救祖中之危。

而司马懿自己，则亲自统领大军，迅速向樊城扑去。

太傅年高德劭，曹爽欺人太甚

显然，司马懿攻打东吴的举动，并非其本意，他实则是以此为契机，窥探人心之向背。

若司马懿寻得良机，一举将曹爽击败，其胜算亦颇为可观。毕竟，他多年深耕于军中，又曾借诸葛亮之手，剪除了曹魏集团中的诸多忠臣，同时又培植了以蒋济为首的亲信势力。

然而，直接击败曹爽，虽非难事，但这仅仅局限于战术层面的胜利。对于司马懿这位战略大师、政治谋略家而言，他的目光绝不会止步于战术层面，而会投向更为深远的战略层面。

那么，何谓战略层面呢?

若司马懿以强硬手段剪除曹爽，势必会引起众多中立官员的质疑，认为司马懿意在篡位。毕竟，曹爽乃皇亲国戚，是曹操的同族，司马懿却是个外姓人。司马懿的真正目的，是要让更多的人对他产生同情，对曹爽的行为深感不齿。曹爽越是对他穷追猛打，他就越是要表现出忍让之态。而且，他不仅要忍让，还要在国家危难之际，不计前嫌地主动请缨，去对抗孙权。如此一来，在道德层面，他已然立于不败之地。

司马懿此刻的种种行为，皆是在精心构筑一种“势”——人心的向背。一旦掌握了这样的“势”，未来在恰当的时机铲除曹爽，便成为政治上的正义之举。若缺失了这种“势”，即便能够勉强取胜，也难以赢得广泛的支持，所攫取的权力自然也将摇摇欲坠。

这正是战略家与战术家思维分野的体现。

司马懿率领大军抵达前线，东吴的将士们开始感受到恐惧。他们深知，即便是如诸葛亮、公孙渊这样的豪杰，都未能战胜司马懿，而他们自己的能力又远远不及这二人，与司马懿对阵自然是毫无胜算可言。

就在司马懿准备调遣军队对东吴发起猛攻之际，东吴的将士们竟因恐惧而选择了主动撤退。司马懿见状，立即下令追击，东吴士兵在恐慌之中失去了控制，慌乱间被魏军歼灭了一万余人，更有无数的战略物资被缴获。

这场战役的意义实属非凡，司马懿仅凭他的名声，便击退了东吴大军。经此一役，其声望更是如日中天。

让人意想不到的是，凯旋的司马懿竟然主动将军权上交，“心甘情愿”地继续担任他那有名无权的闲散太傅。此情此景，众人皆看在眼中，纷纷对司马懿抱以同情之情。他们觉得曹爽行事过于霸道专横，明明是自己能力不足，却对力挽狂澜、忠心耿耿的司马懿欺凌至此。

这正是司马懿心中所愿，而曹爽却对此一无所知。曹爽误以为司马懿只是默默耕耘、不图权位，这也恰恰符合他的期望。

我送你四个大字：忍不可忍

我们无从知晓司马懿是在何时下定决心选择第三条路的，就连曹爽应该对此也是一无所知。但可以合理推测，这个决定大概不会晚于二四一年。何以见得？《晋书》记载，司马懿在成功抵御吴军进攻，荣升万户侯之后，并未流露出喜悦之情。相反，他郑重地告诫家人："盈满之咎，道家深戒，四季尚有更迭，我又有何德何能，得以安享此等尊荣？必须时刻保持谦逊，唯有如此，或许才能免遭祸患。"

这席话，初听之下平淡无奇。然而，若非司马懿已感受到身居高位的危机四伏，又怎会说出此言？我们当然可以将其理解为他对平稳落幕的深切期盼，但话说回来，谁又能断定这不是他为即将到来的夺权大戏所做的精心铺垫呢？

时光荏苒，转眼到了二四四年，司马懿与曹爽之间的紧张关系愈发尖锐。那一年，曹爽眼见司马懿屡建军功，自己也跃跃欲试，意图通过征伐蜀国来树立威望——毕竟，在那个时代，借助征讨周边小国来提升声望、震慑朝堂，是权力不稳时常用的手段。更信任亲族的曹芳自然一口应允。

然而，司马懿却持反对意见："我打仗，是因为孙权来犯，迫不得已捍卫国家，而非我主动挑衅。现在你主动去打刘禅，这不是自找麻烦吗？"

说实话，曹爽此举确实有些节外生枝。但司马懿的这番话，曹爽听到却有了不同的想法："哦，你司马懿能建军功，我曹爽就不能有了？你这分明是怕我压你一头！"

故此，曹爽对司马懿的劝告置若罔闻，毅然决然地挥师攻打蜀国。

二四四年，曹爽委任夏侯玄为征西将军，二人联手，率领近七万精锐抵达长安，向蜀国宣战。

曹爽与夏侯玄原本以为，凭借魏国的强大实力，以及他们统领的重兵，蜀国似乎弹指可灭。然而，当战鼓隆隆响起，曹爽惊愕地发现，后方的粮草供应居然出了问题。想当年，司马懿与诸葛亮多次交锋，后勤方面从未出过任何差错。怎么如今曹爽一挂帅，司马懿退居二线，这至关重要的粮草补给就断了线呢？

答案可能藏在司马懿镇守关中多年的经历里。那些关陇的将士，大多数都是他的老部下。曹爽竟然带着关陇军队攻打蜀汉，这无疑给司马懿提供了一个巨大的操作空间，让司马懿可以在幕后悄悄影响战局的走向。

据《三国志·魏书·满田牵郭传》记载：曹爽领兵伐蜀，郭淮作为先锋，统领诸军。每当战事不利时，郭淮总能审时度势，及时撤军，从而避免了重大的损失。

说白了，郭淮在战场上总是消极怠战，而他给出的理由是——我们要避免无谓的牺牲。对此，军事才能孱弱的曹爽毫无办法。

此外，司马懿的儿子司马昭也在此次征蜀行动中扮演了重要角色。曹爽原本打算通过司马昭来更好地调动司马懿的旧部力量，故而让他担任夏侯玄的副手。结果，司马昭在战场上出工不出力，还总是说风凉话，时不时劝说夏侯玄退兵。

由于后勤粮草供应不力，再加上郭淮和司马昭在战场上的敷衍态度，蜀国大将费祎利用地形优势，率领军队据守山路要冲，使得曹爽的军队陷入了进退维谷的窘境。

面对困境，曹爽的下属们产生了严重的分歧，争吵不休。杨伟和夏侯玄等人主张审慎撤退，毕竟生命安全远比面子重要，继续僵持下去恐怕凶多吉少。而邓飏等人则坚持死战到底，因为这关系到曹爽的声誉和威望。

两派在曹爽面前激烈争吵，各执一词，互不相让。

最终，曹爽大手一挥：撤退！

然而，曹爽没有料到的是，蜀国并非他们想象的那般可以任意来去。就在他们内部纷争不断的时候，蜀国大将费祎已经悄无声息地切断了他们的退路。此刻的曹爽，已然陷入了腹背受敌的困境。

紧接着，一场魏蜀之间的突围战惨烈上演。在魏军将士的勇猛冲锋下，曹爽侥幸逃脱，然而他所率领的兵马几乎全军覆没。

曹爽归来后，尽管无人敢公开指责他，但众人心中的鄙疑却难以掩饰。毕竟，他在蜀地的惨败与司马懿屡创的辉煌战绩形成了鲜明的对比。

老将孙礼目睹这一切后心生不满，于是前去寻求司马懿的支持。他敦促司马懿不要再一味退让，应挺身而出，为国家和朝廷伸张正义，积极打压曹爽的嚣张气焰。

然而，司马懿听到一半时便神色凝重地打断了他：“够了，别再说了。”

孙礼愤然言道：“我虽无力与曹爽正面对抗，难道向您诉诉苦也不行吗？”

司马懿闻言，回应道：“孙将军，你我都曾是曹公麾下受重用的老臣，我们早已非稚嫩孩童。我赠你四字箴言——忍不可忍。”

“忍不可忍”，意指需学会忍受那些常人难以承受之事。此四字虽简，却是人生中的大智慧。一个人唯有在难以忍受的境遇中始终坚守忍耐，方能磨砺出真正的勇气与智慧。那些稍遇刺激便动怒的人，注定难成大器。

火拼曹爽：势已架成，老夫要做执刀人

这是司马懿最后一次装病，毕竟，此时的他已经年逾古稀，岁月在他脸上刻满了风霜的痕迹。按照常理推断，这样一个衰弱老人，还能构成什么威胁呢？然而，正是这次常理推断，给了司马老人一跃而起的机会。司马懿，再度扬起了那柄深红色的屠刀。

老匹夫苟延残喘，不足为虑

二四四年至二四七年间，曹爽对司马懿的怨恨逐渐加深，而司马懿也愈发感到忧虑：“若是任由事态发展，两人之间的争斗恐将愈演愈烈，最终难免擦枪走火，两败俱伤。即便自己能够胜出，大概率也是惨胜，代价实在过大。”

那么，司马懿该怎样破局呢？

二四七年，曹爽在何晏的怂恿下，将曹叡的皇后郭氏软禁于永宁宫。何晏给出的理由是：只要能够控制郭太后，小皇帝便会惧怕大将军，大将军就能牢牢掌握天下大权。

曹爽觉得何晏说得好有道理。但事实上，这种大逆不道的行为只会加剧朝中官员对曹爽的不满。果然，众人暗中义愤填膺，摩拳擦掌。

司马懿见状，心知曹爽已经近乎疯狂，便故技重施——装病。

回想起四十多年前，为了蒙蔽曹操，司马懿曾扮演过风痹病患者，虽然观众不多，但演出效果却极好。四十多年过去了，这位资深演员的演技依旧炉火纯青。他再次奉献了一出影帝级别的精湛表演，成功地欺骗了曹爽。自此，曹爽误以为司马懿已经彻底认输，故而对他放松了警惕，这为司马懿暗中布局、另辟蹊径提供了空间。

然而，要彻底击败曹爽并非易事。曹爽身负皇室宗亲的光环，具有一呼百应的影响力。司马懿深知，仅凭自己与远方旧部的力量，难以对曹爽构成致命一击。因此，他必须在京城精心培育一支忠诚于自己的武装力量，这支队伍必须对他忠贞不渝，甚至愿意为他出生入死，并随时准备献身。于是，司马懿开始暗中筹划，秘密培养了三千名死士，并让他们隐藏于民间。司马懿等待着时机的降临。

同时，司马懿的长子司马师也利用担任中护军的职务之便，大力提拔了众多对司马家族忠贞不贰的军官，进一步巩固了家族势力。

曹爽眼见司马懿对自己避之唯恐不及，便愈发肆无忌惮，饮食出行竟与皇帝无二，更令人咋舌的是，他竟将曹叡的遗孀们召至府中陪寝。

那么，在曹爽的阵营中，难道就没有一位头脑清醒之人，能对其提出警示吗？

还真有。曹爽的胞弟曹羲曾三度写信，力劝曹爽收敛锋芒，切莫放肆无度。然而，曹爽阅后怒火中烧，自此对曹羲之言置若罔闻。曹羲因此常怀忧戚，他深知，兄长的狂妄必将引来灭顶之灾。

曹爽麾下还有一位智囊，名曰桓范。此人非比寻常，他曾断言司马懿绝不会就此甘心归隐，必有异动。然而曹爽却认为桓范过于敏感。但为了稳妥起见，曹爽还是决定派人去一探究竟。

曹爽有一亲信，名为李胜，刚被曹爽提拔为荆州刺史。李胜临行前，曹爽特意叮嘱他，要他到太傅府上“辞行”。

司马懿听闻李胜来访，心中便已明了其来意。于是，他召来两名婢女。两名婢女搀扶着他，他以蹒跚之姿迎向李胜。婢女为司马懿取衣，司马懿故意失手，使衣物坠地，就好像自己连穿衣之力都没有了。

在与李胜言谈之间，司马懿向婢女示意口渴难耐，婢女随即呈上一碗稀粥。然而，司马懿佯装无力端碗，只能由婢女一勺一勺喂食。且那粥喂入后，竟又从司马懿右嘴角溢出，弄得他一身狼狈。

李胜见状，关切道："闻听您老患有中风之症，未承想病情竟至如此地步。"

司马懿颤抖着声音，含糊回应："吾——吾——命——不久矣。汝——汝去并州，实乃——屈才之举。"

李胜提高声量道："您老误听了，我是要前往荆州，不去并州！"

司马懿却似听力严重衰退，追问道："已经去过并州了？"

李胜再度提高嗓音，在司马懿耳畔重申："是——荆——州！"

司马懿微微颔首，缓缓道："哦——荆州啊，那是一个好地方，远胜于并州，你在那里——可以大展——宏图了。"

言罢，又是一阵咳嗽。

李胜离开司马懿的府邸后，直接前往曹爽处，详细禀报了在司马府的所见所闻："司马懿如今已是奄奄一息，神智都已混沌，不足为虑。"

曹爽闻听此言，心中的大石块终于落下了。

李胜离去后不久，司马懿果断召见了曾手握大权但如今被曹爽排挤在外的太尉蒋济。司马懿心知，是时候与他那些年一手提拔的小弟们共商大计了。

二四九年正月初六，依循惯例，曹芳与曹爽等曹氏子弟一同前往城外的高平陵，为曹叡扫墓，城内留下的尽是异姓之臣。

而这一天，长期卧床装病的司马懿竟突然精神抖擞地出现在被软禁的郭太后面前……

不知不觉在鬼门关走了一圈

司马懿步履坚定，直趋被幽禁的郭太后所在之处，直言不讳地道出了翦除曹爽之意。他说明需借太后之名，颁下诏书，历数曹爽之种种罪孽；否则，此举便如无源之水，无本之木，难以确立政治的合法性。

此刻，曹爽昔日自掘的坟墓终是显露无遗。假如他昔日对郭太后能以礼相待，或许太后还会念及与曹家之血脉亲情，站在他这一边。然而，曹爽长期囚禁太后，早已在太后心中种下了怨恨的种子。如今，郭太后又岂会放过与司马懿联手报仇的良机？

于是，郭太后迅速颁下诏书，罢免曹爽兄弟官职，并详述其罪行，授权司马懿为朝廷铲除奸佞。司马懿命其子司马师领兵控制京都，他则亲率大军，浩浩荡荡地出城征讨曹爽。

在这风云变幻之际，却有一段小插曲在悄然上演。

当司马懿率军途经曹爽府邸时，恰逢曹爽麾下严世守卫于此。严世箭术超群，他隐匿于楼顶暗角，准备一箭射杀司马懿。

就在严世满弓待发、箭在弦上之际，有人突然拉住了他的手臂。

严世猛然回头，只见拉住自己的人竟是同僚孙谦。

孙谦神色凝重："老严，这关键时刻，你可要保持清醒！"

严世眼中闪过一丝坚定之色，沉声道："若是我此刻能射杀司马懿，将来必定是主公身边的第一功臣。你看，司马懿就在下面，这可是个千载难逢的机会啊！"

孙谦眉头紧锁，劝诫道："老兄啊，你且细细思量，此番司马懿与咱们主公曹爽之争，你认为最终谁能胜出？如果你一时冲动，射杀了司马懿，但他的儿子司马师、司马昭最终击败曹爽，到那时，你与你全家恐怕都要死无葬身之地！"

严世闻言，心头一颤，忙问："那依你之见，我该如何是好？"

孙谦轻拍其肩，笑道："我说啊，咱们不如放下手中弓箭，悠然品茗，静观上层风云变幻。无论最终谁主沉浮，咱们这些小卒还不是得照常履职领薪？我们何必自寻烦恼呢！"

严世听后，再次凝视楼下街道上缓缓而行的司马懿，手中弓箭几度欲举又放。最终，他还是任由司马懿安然离去。而司马懿根本不知道，就在刚刚，自己已然在鬼门关走了一遭。

前文提及，曹爽麾下有一智囊，叫桓范，曾多次提醒曹爽要谨防司马懿，然而曹爽却总是置若罔闻。如今桓范听闻司马懿借郭太后诏命，挥师讨伐尚在高平陵祭祖的曹爽，便溜出城去，急切赶往高平陵。

桓范出逃的消息迅速传入了蒋济的耳中。蒋济闻言大惊，急忙向司马懿禀报道："大事不妙，桓范已逃，他定是去给曹爽通风报信了！"

司马懿听后，面无表情地吐出五个字："驽马恋栈豆。"

这五个字意指那些品质不佳的马儿往往更贪恋马厩中的豆料。司马懿借此暗喻曹爽这类人目光如豆，只会盯住眼前的蝇头小利，即便是桓范为他指点迷津，告诉他如何保全更长远的利益，曹爽也难以领悟。

蒋济闻言，连连点头称是。

上苍有好生之德，但不包括你

司马懿策马前行，一人迎面而来，他仔细打量，原来是司徒高柔。

司马懿直截了当地问道："高司徒，今日局势，想必你已一目了然。你意下如何？是欲阻我前行，还是愿与我并肩除贼？"

高柔谦逊地回应："不知太傅有何差遣？"

司马懿坦言："客套话我就不多说了，我相信高司徒与我同心戮力。我确实有一项重任，非司徒莫属。请司徒持曹爽令牌，速去接管他的兵营。我不求你能让这些士兵为我所用，但求你能够稳住他们，确保他们不会成为曹爽的后援。"

高柔闻言激动不已："太傅竟如此信任我，将兵权交付于我！请放心，我必不辜负您的期望！"

司马懿向高柔拱手施礼："高司徒今日之举，功德不亚于当年周勃！"

待高柔离去后，司马懿与蒋济一同来到洛水浮桥边，就地安营扎寨。司马懿随即派人前往高平陵，呈上一份奏折，细数曹爽罪行，请曹芳降旨，将曹爽及其党羽一并治罪。

曹爽截留了司马懿的奏折，秘而不宣，同时从城外紧急召集了数千兵力，暂时采取了守势。然而，对于接下来的行动，曹爽却是一片茫然。

没过多久，桓范匆匆赶到曹爽面前，上气不接下气，急切献策："您手握天子这张无敌王牌，实际上已经抢占先机。司马懿行事必须上奏朝廷，而您则能够以天子的名义，直接调动各方势力。如今，您应立刻奉天子前往许昌，然后以天子之令，号召天下英雄共讨司马懿。这样一来，大事必成！"

曹爽听完桓范的建议，长时间犹豫不决，始终缺乏与司马懿兵戎相见的勇气。

夜幕降临，曹爽派遣手下许允和陈泰去见司马懿，想探探司马懿的口风。

司马懿一脸诚恳地对许、陈二人说道："请转告曹爽，我从未想过伤人性命。我只希望他能解甲归田，以后他和他的子孙仍可享受侯爵待遇。"

许允和陈泰回到曹爽身边，如是转达了司马懿的想法。出于明哲保身的考虑，他们力劝曹爽尽快投降。曹爽心旌摇曳。

见曹爽仍然犹豫不决，司马懿又派曹氏家奴尹大目去重申自己的承诺，以进一步打消曹爽的顾虑。

尹大目来到曹爽营地，见曹爽还在犹豫，便按照司马懿的吩咐，伸出手指，指向洛河，郑重其事地发起毒誓："司马懿有言在先，倘若有半句虚言，愿遭受天谴……"

曹爽相信了这个毒誓。

一旁的桓范再也按捺不住，冲了过来，惊呼道："天哪！这种儿戏般的誓言，你居然也信以为真？”

曹爽却回应道：“你懂什么！我虽然失去军权，但至少也能做个富贵闲人。倘若硬要与司马懿拼杀，一旦失利，我的人头可就难保了。”

桓范闻言，不禁悲从中来，痛骂道：“想当年，曹真大将军英勇善战，为曹家打下了偌大的江山，他怎么会生出你们这群蠢笨的后代？！曹家的百年基业，眼看就要毁在你们这群人的手里了！”

如此这般，曹爽最终还是选择带着小皇帝一同返回京都。

而就在司马懿从曹爽手中接过曹芳的那一刻，早已埋伏好的刀斧手便一拥而上，将曹爽及其一干党羽团团围住。任凭曹爽求饶和咒骂，司马懿也不与他多说一句话，扭头便向幕后缓缓走去……

在历史的棋盘上，司马懿并未急于将曹爽这枚棋子彻底抹去，而是选择先将其囚禁，再布下一着妙棋——擒获了曹爽兄弟的心腹张当，施以酷刑。张当终是凡胎俗骨，无法承受这皮肉之苦，只得按照司马懿的剧本，供出了曹爽兄弟密谋反叛的“真相”。

手握这个“人证”，司马懿便毫不犹豫地落下了决定性的棋子，将曹爽兄弟及其三族一并铲除，唯独留下了曹真之孙曹熙。他算是念及旧情，为曹家留下了一丝血脉。

司马懿此举，或许也是无奈之举。正如《君主论》所言，令人畏惧往往比受人爱戴更为有效。因为世人皆知，恩惠之链易断，一遇利益，便可能立即断裂；而恐惧之心，却因对惩罚的恒久畏惧而根深蒂固。

司马懿肯定没有读过《君主论》，但多年的政治生涯已让他深谙此道。他曾受人爱戴多年，可那曹爽，又何曾真正将他放在眼里？

与其如此，倒不如让人心生畏惧。

再往深处探究，若司马懿未能彻底拔除曹氏家族的根基，待到曹家后起之秀羽翼丰满，高平陵之变的旧账势必会被翻出，他们也会借机报复。那时，曾与司马懿同舟共济的盟友，或许会因时势所迫，转而投奔曹魏宗室，更有甚者，可能会将司马懿的子孙作为投名状。如此一来，司马懿一生的功业将毁于一旦，他的子孙也将面临灭顶之灾。

由此可见，司马懿已陷入背水一战的境地。此时他必须做的，就是紧紧抓住高平陵兵变的契机，为改朝换代铺设基石。昔日那位被誉为曹魏忠臣的司马公，已悄然蜕变为司马宣王。

历史记载中的曹爽被描绘成愚蠢、懦弱，甚至专横跋扈的形象，这些描述或许并非全然属实。然而，从他渴望“做个富翁”的言语中，不难窥见他确实略显稚嫩。

在这场权力的博弈中，厚道或许能赢得人心，但天真却是致命的弱点。话说回来，曹爽也并非真的天真到无可救药。若他自辅政之初便安于现状，做个本分守己的富翁，或许他与司马懿之间根本不会演变至此。

那么，随着司马懿一家独大，他接下来又会如何布局呢？

大外甥，要不要玩把大的

曹爽陨落后，曹芳顺势将司马懿推上了丞相的高位，并欲赐其八个县的丰厚俸禄，然而司马懿却展现出了超乎常人的冷静与克制，毅然拒绝了这份殊荣。

曹芳见状，又欲加九锡于司马懿，赋予其上朝免拜的特权。此等殊荣，自董卓后，唯有曹操曾经享有。然而，面对如此诱惑，司马懿依旧保持了清醒的头脑，婉言谢绝了这份恩赐。

由此观之，在处理个人野心的问题上，司马懿显得更为内敛与谨慎，而曹操则显得更为张扬与豪放。

岁月不饶人，随着年岁的增长，司马懿的体力日渐衰退。对此，曹芳特许他免入朝上殿。每当有国事需要商议时，曹芳都会亲自前往司马懿的府邸，以示尊重与关怀。

随着司马懿的权势日盛，那些曾受曹爽提拔的官僚们开始感到不满与不安。他们深知，如果没有司马懿横插一刀，他们本可以平步青云，享尽荣华富贵。司马懿的崛起，无疑严重侵犯了他们的既得利益。

在曹爽余党中，有一个名叫王凌的人物尤其特别。他不仅能力出众，曾亲自率军击退东吴的入侵，家族背景还极为显赫，他的叔叔便是名震天下的司徒王允。

曹叡驾崩之后，曹爽独揽大权，身边聚集了一批唯其马首是瞻的党羽。王凌就在此时选择站到曹爽一边。曹爽对王凌颇为赏识，提拔他为征东将军，镇守扬州，肩负监视东吴军事动态的重任。

然而，高平陵政变如一场突如其来的风暴，将王凌从权力的巅峰卷入深渊。面对失势的困境，王凌决定放手一搏。他联合自己的外甥令狐愚，密谋了一场惊天政变，意图一举铲除司马懿与曹芳，扶植曹操尚在人世的儿子曹彪登上皇位。

细心的读者或许会发现一个微妙的细节：在如此重大的政变行动中，王凌为何选择与外甥联手，却未将自己的儿子拉入伙呢？

原来，王凌的儿子对此次政变持坚决反对态度。王凌最初曾试图说服儿子王广一同行动，但王广听后却毫不犹豫地表示拒绝，并给父亲上了一堂深刻的政治课。

王广一针见血地指出："曹爽一党的失败，根源在于他们滥用权力，所作所为早已失去了民心。而司马懿虽然权势熏天，但他的行事风格却深得人心。你此时发动政变，又能得到多少人的支持呢？成功的把握又有多少呢？"

不得不说，王广的分析直击问题本质，展现出了他超乎常人的冷静与理性。相比之下，作为父亲的王凌则显得过于冲动与盲目。

王凌发现儿子竟不与自己同心，心中大为不悦，于是转而寻求外甥令狐愚的支持。

此时，曹彪已五十五岁高龄，在那个时代已算是步入暮年。然而，他未曾料到，在晚年竟还有机会问鼎皇位，心中自是欣喜万分，当即表态将全力支持王凌的政变计划。

令狐愚觉得自己应该是个干大事的人，同样对舅舅的谋划表示支持。然而，人算不如天算，又或许司马氏命不该绝，一场意外打乱了王凌等人的全盘计划。

这一次，不需要再装病了

话说某日，令狐愚正欲前往曹彪处共商机密，岂料刚走到门口，突然感到一阵天旋地转。家人急忙请大夫为他施救，却终究未能挽回他的性命，令狐愚竟然就这么猝死了！

令狐愚的意外离世，无疑彻底打乱了造反三人组的全盘计划。

彼时，令狐愚的下属杨康正例行参加司徒高柔主持召开的工作会议。会中，杨康突闻令狐愚死讯，顿时慌乱无主。

但很快，杨康暗自思量：造反的骨干死了，造反还有什么胜算？为今之计，莫不如直接揭发王凌，或许还可以戴罪立功。

想到这里，杨康不再犹豫，毅然打断正在发言的司徒高柔，高声喊道："高司徒，打断一下，我有紧急要事需要向您禀报。"

此言一出，包括高柔在内的所有与会者皆将目光聚焦在了杨康身上。

杨康正色道："高司徒，我要揭发王凌造反，他和曹彪意图暗害当今圣上与司马太傅！"

此言一出，会场顿时炸开了锅。

高柔当机立断:“为防止走漏风声，现场所有人不得擅自离开！”

随后，高柔带着杨康匆匆赶往司马懿府邸。司马懿闻讯后，初时颇感意外，但旋即便恢复镇定之态。

高柔见状，急声道:“是否应先发制人，即刻派人将王凌擒获？”

司马懿轻轻摇了摇头，缓缓言道：“非也，我等需静待时机，静观其变。你若此刻贸然动手，王凌大可反咬一口，称是杨康在诬陷于他。因为我们没有确凿证据。”

高柔听闻此言，连忙点头赞道：“还是您老深思熟虑。”

司马懿微微一笑，又吩咐道：“一切照旧，只需做好防备，静候其变即可。”

时光荏苒，二五〇年的某一天，据史书所载，荧惑星悄然出现在南斗星的位置。王凌抬头仰望天际，心中暗自嘀咕：“此乃显贵之人发威之天象。妙哉，妙哉，看来我命中注定有担任丞相的荣耀！”

二五一年春，孙权身体日渐衰弱。他忧心忡忡，生怕自己一离世，魏国军队就会趁机长驱直入。于是，他下令封锁涂水，希望可以彻底切断魏军进攻东吴的水路。

一直负责扬州军事事务的王凌嗅到了其中的机会，急忙向中央上书，声称孙权可能要对魏国发动战争，请求中央授予他能够调动军队的虎符，以便他亲自率军防御东吴战事。

然而，司马懿一眼便洞悉了王凌的真正意图，并未予以批准。

王凌无奈之余，只好派遣心腹杨弘前去说服新任兖州刺史黄华，与其密谋约定起兵造反的时间。

杨弘与黄华会面后，二人心意相通，一致认为联名举报王凌更为稳妥。于是，他们携带着确凿的证据，一同前往司马懿处，实名举报王凌。司马懿手握铁证，深知时机已至。

二五一年四月，司马懿率领大军，沿水路浩浩荡荡南下，直逼王凌驻地寿春。

司马懿的战船抵达寿春城外时，他给城内瑟瑟发抖的王凌写了一封信："你是国家元老，且有赫赫战功，与曹爽等人有着本质的不同。只要你诚心悔过，我可以宽恕你的罪行。"

此时的王凌，手中并无虎符，无法调动一兵一卒，只能无奈投降。他命人将自己捆绑起来，乘着一艘小船，缓缓驶向司马懿的座舰。

寿春城外的水面上，两艘船一大一小，船头相对。王凌望着司马懿，高声喊道："太傅如果想王凌了，只需一封书信，王凌自会前去拜见，何必如此兴师动众呢？"

司马懿闻言，朗声一笑，缓缓说道："王大人你岂是老夫一封书信就能请动的人物？"

王凌听后，情绪瞬间激动起来，大声疾呼："我与太傅无仇，未曾想过加害太傅！太傅若是听信谗言枉杀我，那可真是对不起我了！"

王凌这样说，是想混淆是非，占据道德制高点，使司马懿担心授人以柄，无法挥下屠刀。

谁曾想，司马懿却说："老夫今日即便真的对不起你，也不能有任何闪失，对不起朝廷。"

司马懿的回应既符合政治智慧，又反击得恰到好处，同时还巧妙地表达了自己对朝廷的忠诚。

随后，司马懿遣六百精兵，押解王凌返回洛阳。然而，在返回洛阳的途中，王凌又开始打起了自己的小九九。

他故意让人向司马懿传话："请太傅赏我一根将来用于装殓自己尸体的棺材钉吧！"这是在试探司马懿：你若无意杀我，自然不会答应；你若铁了心要取我性命，便会给我。

司马懿听到王凌的要求后，觉得王凌很好笑，死到临头还在耍把戏，于是毫不犹豫地下令："给他！"

王凌接过那根棺材钉时，他的精神世界彻底崩塌了。

押解队伍行至贾逵庙前时，王凌望着和自己同样身为老臣却能享受庙堂之尊的贾逵的塑像，情绪如潮水般汹涌而出。他对着贾逵的灵位放声痛哭："贾逵啊，唯有你知道我是个对国家忠贞不贰的臣子啊！"

哭完，王凌向司马懿提出了最后一个请求——希望能在临刑前见一见自己的家人和曾经的老部下。司马懿表示同意。

趁着探监的机会，王凌让人偷偷带来一瓶毒药，服毒自尽。

王凌此举，意在用生命对司马懿做最后的挑衅——我王凌就算死，也绝不会遂了你司马懿的心意，更不会沦为你司马懿的刀下亡魂。

当司马懿听到王凌自杀的消息时，王凌家属已将其遗体安葬。司马懿嘴角勾起一抹冷笑："你想以死保全尊严？真是痴心妄想！"

随即，司马懿颁下严令，将王凌与令狐愚的尸体从墓中掘出，置于路边暴晒三日，以示惩戒。同时，对于参与王凌叛乱之人，一律施以灭三族的极刑。

眼见大势已去，皇帝梦碎的曹彪在无奈与绝望之下，也选择了自尽。曹彪离世后，其亲属全部被流放至偏远之地。

时至二五一年农历六月，司马懿时常梦见王凌的阴魂前来索命，屡屡于夜深人静时骤然惊醒。不久之后，这位一生都在布局的枭雄，竟也患上了一场无需伪装的真病。而后，他那双曾经冷静深邃的眼，便永远地闭合了。

这便是司马懿的一生，始于一场装病之谋，攀上权力巅峰亦借助装病之术，最终却在一场真病中走完了自己人生的旅程，同时也为新的朝代拉开了序幕。